大展好書　好書大展
品嘗好書　冠群可期

大展好書　好書大展
品嘗好書　冠群可期

武術特輯
149

太極拳初學入門

附DVD

鄭勤　趙永剛　編著

大展出版社有限公司

編 輯 薦 語

　　太極拳的普及不僅在於套路的演練，還在於太極文化的縱深傳播。套路是太極拳的物質外形，文化及其包含的武德精神是太極拳的內在魅力。本書在著力普及太極拳的同時，全面介紹了太極拳的源流和內容、健身原理與科學，以及如何在太極拳的修習中進行武德培養等文化內容，並把這些文化的部分放在了全書的第一、二、三章，凸顯其重要性。

　　本書內容的選擇，出發點是初學者。「太極拳運動的基本技術和要領」（第四章）介紹了太極拳運動中的手型掌法、步型步法、身型身法等基本技術。「太極拳基礎功法」（第五章）介紹了太極拳樁功、六段選、八門五步等基本功法，功法簡潔實用，易於上手。「太極拳套路入門——24式太極拳」（第六章）選取了群眾基礎厚實的24式太極拳。「太極推手基礎」（第七章）介紹了太極推手的基礎和主要練法。套路為體、推手為用，二者相互補充，相得益彰，目的在於學有所用。

　　本書在講解動作、分析文化內涵的同時，還與讀者分享了太極拳的技擊方法和養生價值。在插圖部分，演示者生動形象地示範了每一個單勢動作，且嘗

試用部分文字篇幅對功法和套路的技擊含義進行分析，希冀激起學習者的興趣。

太極拳的推廣普及，最關鍵的是立足於健身價值，針對不同的學習者，講解功法套路，提出不同的練習方法，因材施教，循序漸進。

本書本著簡易普及的原則，立足初學者的立場，從博大精深的太極拳中選材取材，力求用科學合理的方法進行內容的編排，並配以插圖，希望初學者可輕鬆入門，一覽太極全貌，望入門者有所得，增益其所不能。

目　錄

試說太極的文化內涵

華中師範大學歷史文化學院　王玉德

　　大家都來練太極，這應當是一個可以叫得響的口號，也應當成為全民族的一個共識。

　　為什麼要動員大家都來練太極？這是因為太極拳對於男女老少咸宜，體弱體強者咸宜。有病的治病，無病的健身。不限場地，不拘時間。可以打套路，也可以練功法。既能自衛，也能擒拿。煉精化氣，煉氣化神，煉神還虛。陰陽相依，文武合一。好處多多，方便多多。

　　學太極，就是學習修性強體之道，體會傳統文化，領悟天地人之奧妙。太極是世界的本體，也是習武的本體。練太極拳者，對太極的體會有多深，其掌握的太極拳藝術就會有多深。

　　如何練太極？我認為練太極首先要有良好的心態：其一是要無慾，其二是要虛心，其三是無所不用其極。

　　練太極有三個漸進的層次：其一是學習分解的動作，力求準確；其二是學習連貫的套路，行雲流水；其三是體會其中的哲理，入其堂奧。

　　大家都來練太極，其中有無窮的快樂與享受。先有起

勢,末有收功。虛實開合,氣沉丹田;進中有退,退中有進;步型如龍游,手型如雲飄;吹呴呼吸,吐故納新;往者屈也,來者信也;你教我,我教你,能者為師,相互為友。天天堅持練習,拳人合一。

大家都來練太極,練的不僅僅是幾個動作,而學練的是文化。學練太極,久而久之,使我們的生活充實,使我們身體健康,使我們更有文化內涵,使我們的社會更加和諧!

大家都來練太極,就一定要知道何謂太極。本書所說的太極就是太極拳。太極拳是中華的國粹,是健身的法寶。太極拳之所以用「太極」二字名之,在於太極博大精深,太極哲理是太極拳的魂魄。因而,有必要對太極展開更深入的揭示,借此機會,我想談談我對太極與武術關係的理解:

《周易‧繫辭》中的一段話:「易有太極,是生兩儀,兩儀生四象,四象生八卦,八卦定吉凶,吉凶生大業。」對這段話,我們稱之為演易總綱。演易總綱的核心、起點、本原、本體是太極。

太極是什麼?就是太一。一,不是數學上表示量的「一」,而是具有哲學意義的、整體的、絕對的、抽象的「一」。

人類一直在探討宇宙的本體或起點,但迄今為止沒有任何一種說法有絕對的說服力。所謂天體爆炸說、星雲說,都只是相對的猜測。宇宙無始無終,無內無外,無大無小,誰也說不清楚是怎麼樣的一個形態。也許是我們的腦袋發育得太有限,承受不住對這個問題的思考。人相對

於宇宙，或許類似於昆蟲相對於地球，很難完成對宇宙的思考。

我們的先哲一直在探討宇宙的本源或本體，他們提出了太極學說。太極是什麼呢？先哲有各種各樣的說法，比較通行的一種說法是：

其一，太極是宇宙最初渾然一體的元氣。太極圖是圓形，象徵渾沌一團，清氣上升，濁氣下降，形成天地。太極就是無限的空間與時間。

其二，太極是一個系統。宇宙是太極，人體是太極，細胞是太極，塵埃是太極，心思也是太極。

其三，太極是事物發展的完整過程，有始有終。過去、現在、未來的時間總和是太極。

太極常用圖形表示，即太極圖。太極圖有各種各樣的形式，我們通常見到的陰陽太極圖是什麼時候產生的？應當是很晚的事情。由於社會上流行的各種《周易》中都繪有太極圖，以至於許多人以為在《周易》這本書中最初的文本中就有太極圖。

其實，在先秦時期是沒有太極圖的，即在《周易》中是沒有太極圖的。太極圖是後人根據《周易》中的敘述創造出來的，是參考了流行的各種圖案發明的。到了宋代，太極圖才流行開來。

我曾經到河南鞏義參觀，站在黃河邊，當地的導遊指著小河沖入黃河的旋渦說：先哲是看到水流的圖形而發明了太極圖。這個解釋，我認為頗有創意，意在說明太極圖得自於對自然的觀察，是人們生活經驗的總結，不是憑空的想像。

在我看來，太極圖是中華先哲最了不起的發明。從學理說，它屬於文化符號；從過程說，它屬於文化策畫。說它了不起，是因為它言簡意賅，用最簡單的方法表達了最豐富的內容，提示了中華文化的基本特徵。《周易》說「乾以易知」，所謂「易」，就是平易。換言之，如果要瞭解中國人，要瞭解中華哲學，請君好好玩味太極，從中體會你想要得到的答案，答案就在太極圖中。

在這個世界上，還沒有任何一個圖形符號能比得上太極圖更能準確地揭示中華文化。因此，我說，太極圖是中華民族五千年的第一圖、第一符號、第一創造，也是易學第一圖。

請讓我對太極圖作一簡單的解讀：

太極圖是一個圓圈。這個圓圈給人以無限的想像空間，可以無限放大，也可以無限縮小。這個圓圈並且表明了特定的範圍，圈定要審視的內容。

太極圖內有〇線，它是流動的，鮮活的，生動的涇渭分明的。

太極圖裏有黑白兩個平面，似魚形，稱為兩儀，或稱為白黑回互、陰陽魚。陰與陽，代表了事物普遍存在的兩個方面，由這兩個方面可以推衍到無數方面。由兩儀生出諸多概念：陰陽、動靜、剛柔、虛實、進退。從太極生兩儀，就是統一體中有對立的兩個方面，以陰陽表示。陰陽分別用--、—兩個符號代之。如天為陽，象徵太極中的清輕氣上升；地為陰，象徵濁重氣下降。

陰魚和陽魚首尾相咬，由大到小，由小到大，漸漸地變來，又漸漸地變去，表明量變到質變，質變到量變，量

變又到質變，反映了事物變化的普遍規律。

兩儀共居一個整體，對立而統一，互為根基，陰陽消長，失去對立即整體破壞。 013

白魚中間有一黑點，黑魚中間有一白點，說明陰中有陽，陽中有陰。你中有我，我中有你。這個圈也可以理解為太極是一，太極又一分為二，太極還是一分為三。三是隱含存在的，又是無比奇妙的。

太極圖象徵著中華民族的文化主張是中庸、和諧、平緩、變易、運動。太極中有曲線美、波峰美、柔和美。

從平面看出，太極圖是一個封閉的圖、抱團的圖。它不是一個開放的狀態，也不是銳利的樣子。這正是對農耕民族文化心理最真實的寫照。

太極文化的代表性標誌是太極圖。太極圖來自何時何地？這是至今懸而未決的問題。太極圖是一個文化符號，也是一個哲學模式，中國先哲對太極圖的認識有一個漸進的過程。在這個知識系統中，有幾個里程碑似的史實是必須記住的：

一是先秦時期《周易》和《莊子》最先提出了「太極」的概念。《周易·繫辭上》：「易有太極，是生兩儀，兩儀生四象，四象生八卦。」《莊子·大宗師》：「夫道……在太極之先而不為高，在六極之下而不為深。」這兩句話都涉及到宇宙的本體，把清濁不分的太極作為天地開闢之前的混沌狀態。

二是東漢魏伯陽和宋代周敦頤對「無極與太極」的展示與研究。魏伯陽根據《周易》撰寫了《周易參同契》，用於修煉內丹外丹。這部書上繪有《水火匡廓圖》，用圖

的形式繪製了太極模式，其中有「煉氣化神、煉精化氣」，有「金木水火土五氣朝元」，有「取坎填離」，有「煉神還虛，復歸無極」。在這個圖中，陰陽、五行、精氣神熔為一爐。周敦頤在《太極圖說》對《水火匡廓圖》作瞭解讀，強化了「無極」的本體地位，提出：「無極而太極。太極動而生陽，動極而靜，靜極復動。一動一靜，互為其根。分陰分陽，兩儀立焉。」

　　三是宋代的朱熹把太極圖首次刊載在印刷品上。朱熹酷好《周易》，曾廣泛搜集易圖，他把我們現有熟悉的太極圖印在《周易本義》一書中，此舉使太極圖廣為人知，使太極圖成為易學的標誌性符號，使太極圖成為了中華古老文明的代表性符號。朱熹功莫大焉！可是，朱熹的這個太極圖從哪裡得來的？他沒有交待，學術界至今也不清楚。我以為朱熹的這個太極圖是從民間搜集的眾多易圖中精選出來的。當今有些人說太極圖在伏羲氏時就繪好了，或說是「河圖洛書」的演化，或說是外星人的賜予，或說在古代美洲就已經有了太極圖，殊不可信。

　　四是宋代以後的學者對太極作了哲學性的解釋。如張載在《正蒙》談論易道，王夫之在《正蒙》的第一篇《太和篇》說：「此篇首明道之所自出，物之所自生，性之所自受，而作聖之功，下學之事，必達於此，而後不為異端所惑，蓋即太極圖說之旨而發其所函之蘊也。」張載用變化的思想解釋太極，說：「太和所謂道，中涵浮沉、升降、動靜相感之性，是生絪縕相蕩、勝負屈伸之始。」王夫之不僅強調了變化，還用唯物的觀點解釋太極，他說：「太和，和之至也。道者，天地人物之通理，即所謂太極

也。陰陽異撰，而其綑縕於太虛之中，合同而不相悖害，渾淪無間，和之至矣。未有形器之先，本無不和，既有形器之後，其和不失，故曰太和。涵，如水中涵影之象；中涵者其體，是生者其用也。輕者浮，重者沉，親上者升，親下者降，動而趨行者動，動而赴止者靜，皆陰陽和合之氣所必有之幾，而成乎情之固然，猶人之有性也。」

傳聞明清時代的陳王廷、王宗岳等人創編了太極拳。太極拳的創造者解讀《周易》，解讀太極圖，解讀歷代的拳譜，根據民眾的喜好，創造了太極拳。太極拳的創造，使專深的太極理論走進了千家萬戶和田間地頭，豐富了太極文化，擴大了太極文化的影響。

不過，太極拳的確切創編人至今尚不清楚，還有人說是戚繼光、張三豐創編，這也許會成為永遠的懸案。太極拳的創立，我認為可以借用《繫辭下》的一段話：「天地設位，聖人成能。人謀鬼謀，百姓與能。」我們可以用這段話解釋太極拳的創立：它依據了天地之理（天地設位），由有作為的人編創（聖人成能），太極拳體現了傑出的智慧（人謀鬼謀），太極拳走向民間（百姓與能）。

太極是世界的本體，也是健身與習武的本體。我們研討太極，核心是研討本體，研討本體與客體的完美與和諧。只有能真正解讀太極的人，才能得到武術的真諦。個中之味，難以全部道出。

太極「無與有」的啟示

按照宋代理學家周敦頤等人的觀點，太極是從無極到有極。《繫辭》說：「《易》無思也，無為也，寂然不動，感

而遂通天下之故。非天下之至神，其孰能與於此。」

清乾隆年間王宗岳（1736—1795）在《太極拳論》中說：「太極者，無極而生，陰陽之母也。動之則分，靜之則合。」孫祿堂在《形意拳學》中說：「無極者，當人有未練之先，無思無意，無形無象，無我無他，胸中混混沌沌，一氣渾淪，無所向意者也。」對於練習太極拳、形意拳或其他拳術的人來說，無極是修煉的起點。然而，習武者往往忽略無極觀念，因而在本文要率先提出來。「無與有」的學問，是人世間最大的學問。人若處理好了無與有的關係，人的境界就達到了超世脫俗的地步，也是中國傳統文化中的儒釋道都追求的大道。

陳氏傳人陳鑫撰有《太極拳經譜》，其中詳細闡明了太極之理，如：「太極兩儀，天地陰陽，闔闢動靜，柔之與剛。屈伸往來，進退存亡，一開一合，有變有常。虛實兼到，忽見忽藏，健順參半，引進精祥。或收或放，忽弛忽張，錯綜變化，欲抑先揚。必先有事，勿助勿忘，真積力久，質而彌光。盈虛有象，出入無方，神以知來，智以藏往，賓主分明，中道皇皇，經權互用，補短截長，神龍變化，儔測汪洋，沿路纏綿，靜運無慌。」陳鑫在《太極拳推原解》中又說：「（太極拳）其理實根於太極，而其用不遺乎兩拳。且人之一身，渾身上下是太極。」

從陳鑫的觀點可見，太極之理是太極拳的根本。如果每一個打太極拳的人都能粗識太極之理，拳藝及效果一定可以躍上一個新臺階。

習武前要把自己調整到「無」的狀態，把腹部作為無極，在運動中要有所為有所不為，「善取不如善棄」，這

些「無」的觀念對於習武者是很重要的。

太極圓心的啟示

太極有圓心。圓心給習武者有三點啟示：

其一，圓心是一，萬物生於一，又歸於一。太極拳以腰為軸心，頭正肩鬆，含胸拔背。習武的圓心何在？不同的武術就有不同的圓心。吳圖南《國術概論》講練太極拳的要領說：「其根在腳，發於腿，主宰於腰，形於手指，由腳而腿而腰，總要完整一氣。」①

其二，圓心是中，習武不僅要有中心點，還要能夠持中，適中。

其三，圓心是出發點，習武要用「心」去學。《峨眉十二莊・天地莊合訣》說：「象天法地，圓空法合，大小開合，唯妙於心。」

太極圓聚的啟示

太極圖呈圓形，是封閉的內聚圈。從中有三點啟示：

其一是太極聚合。太極拳千變萬化，虛實開合，追求緊湊，氣沉丹田，終是聚合之勢。

其二是太極圓潤。太極拳講究圓潤，以圓弧旋轉，著著不離弧形，一氣貫通，步型如龍游，手型如雲飄。傳聞明代張三豐撰有《太極拳論》，論太極拳要領云：「一舉

---

①吳圖南. 國術概論〔M.〕北京：中國書店據商務印書館版影印，1984：29-31.

動,周身俱要輕靈,尤須貫串。氣宜鼓蕩,神宜內合,毋使有缺陷處,毋使有凸凹處,毋使有斷續處。……有上即有下,有前即有後,有左即有右。如意要向上,即寓下意,若物將掀起,而加以挫之之意……一處自有一處虛實,處處均有一虛實。周身節節貫串,無令絲毫間斷耳。」

其三是太極週期。許多武術講究眼隨手走,目隨勢注;先求開展,後求緊湊。

太極順逆的啟示

太極圖的兩儀有「S」形流線,按順時針旋轉與反時針旋轉。從中得到的啟示是:

其一,進退相間。武術每一個動作是進也是退,是退也是進。正則反之,反則正之。《繫辭下》說:「往者屈也,來者信也,屈信相感而利生焉。尺蠖之屈,以求信也;龍蛇之蟄,以存身也。」《老子》四十章說:「反者,道之動。」我認為,以此話解讀太極拳的套路,再恰當不過了。任何一個打太極拳的人,如果認真體會這段話,太極之理盡在其中。

其二,太極兩儀的形態是兩條魚頭尾相接,緊緊糾纏,鍥而不捨,有內在超越的氣勢。兩儀由化而變,在曲線中進取。太極拳的動作是一環緊扣一環,環環相連,沒有斷歇。動作有陰有陽,陰陽相輔,互為前提。行陽是為了立陰,立陰是為了行陽。

太極拳由一系列螺旋纏繞動作組成,每個動作都呈圓形。從外觀上看,太極拳全部是畫圓的動作。練太極拳要

求含胸拔背如S形。太極拳的運動路線講究S形流線。太極拳法上中有下，下中有上，進中有退，退中有進。太極推手如太極曲線雙魚，雙方形成太極環狀。在運動中進退伸屈、粘連黏隨、相互消長、閃替變化。運勁如抽絲，邁步如貓行。

太極氣的啟示

太極一氣，萬物無非一氣。太極圖中的陰陽儀可以解釋為兩朵雲、兩片柔和之氣。《繫辭上》說：「精氣為物，遊魂為變。」所謂水火相射，山澤通氣，雷風相薄，無非就是氣。所謂雲行雨施，風從龍，雲從虎，皆是氣道。古代武術的精髓在於對氣的理解、運用。習武無非是在氣中運行，培養元氣，以氣為棧，這就是氣道。習武者宜養氣，氣宜融，宜變，宜通，宜沉，宜悠。

太極拳的氣道柔圓緩慢，要求內宜鼓蕩，外示安通，氣沉丹田。傳說明末清初人陳王廷常常揣摩《黃庭經》，他結合戚繼光拳術，編創了太極拳。陳氏太極拳把拳術與導引吐納熔為一爐，要求意識、呼吸、動作三者一致，以意導氣，以氣運身。每個動作柔中有剛，纏繞靈活。

太極拳提倡以意領氣，以氣運身；以身發力，形神兼備。《易筋經‧內壯論》說：「氣積而力自積，氣充而力自周。」中醫認為脾臟有黃氣，心臟有赤氣，肝臟有青氣，肺臟有白氣。守什麼部位，想什麼氣色，可以治療疾病。

在我看來，在泱泱五千年的歷史長河之中，中華先民創造了無比燦爛的文化，而中華文化寶庫中最奪目的瑰寶

當然是太極文化，太極拳是太極文化最燦爛的結晶。欲瞭解太極文化，應當從練習太極拳入手，太極拳是學習太極文化的教科書。透過學習太極拳，可以切身地體會太極哲理。透過對太極哲理的自悟，又可以提高拳藝，達到強身健體、修身養性、心性雙修的效果，一舉幾得。

中華武術中的各個流派都或多或少受到太極觀念的影響，而太極拳受到的影響最深。新中國建立以來，太極文化以前所未有的速度普及，習拳者數以億計，在世界的每一個國家，無不有練習太極拳者。研究太極文化的成果層出不窮，學術界按照太極圖設計出「武術文化徽」，外觀為圓形，兩色相間，意味著「全球和諧、陰陽相依、文武合一、中西交融」。太極圖成為中華武術文化的標誌，正在21世紀大放奇光異彩。

總之，太極的哲理與文化非常深刻，意義極大。練習太極拳對人的身心極為有益，這是千百年來，億萬民眾實踐的共識。每一個中國人，每一個地球上的人，都應當學練太極拳。鄭勤教授和趙永剛博士的這本《太極拳初學入門》內容全面，深入淺出，圖文並茂，是時下初習太極拳的最好讀物之一。我相信，大家都來練太極，太極拳一定會給我們帶來無窮的力量與智慧，我們的明天更加美好！

第一章
太極拳的源流和內容

　　太極拳是武術拳種中最為普及的拳種之一。初學者只有了解了太極拳的起源、流派和內容後，才能知道如何為自己選擇合適的學練內容。

第一節　太極拳的起源

關於太極拳的起源，有五種不同的說法：

（1）唐代許宣平、孝道子所傳。

（2）元末明初武當道士張三豐所創。

（3）明初14世紀河南溫縣陳家溝陳卜所創。

（4）清乾隆年間王宗岳所創。

（5）據唐豪考證，太極拳為明末清初河南溫縣陳家溝陳王廷所創。多數的拳家亦以現傳各式太極拳均源出陳式太極拳，而持陳王廷創拳說。

明末清初，經明代著名軍事家、武術家戚繼光和程沖斗等大家規範提倡的武術套路運動形式已經成為各家拳法傳播的重要形式，並且出現了將導引和吐納術滲入武術鍛鍊的趨勢。連少林寺武僧也於此時開始兼習強身功法「易筋經」，出現了「始有內外交修之旨，身心兩修之功」的少林拳體系。

從山西洪洞縣遷至河南溫縣陳家溝的陳氏一族，精習武術。明末，陳氏第九世陳王廷，文武兼備。年老時，他總結了當時民間和軍隊流行的各種拳法，尤其是繼承了戚繼光在《紀效新書·拳經》中總結的三十二勢，採納了古代導引、吐納之術以及中醫經絡學說，造拳自娛，教授弟子兒孫，「……至而今，年老殘喘，只落得，《黃庭》一卷隨身伴。悶來時造拳，忙來時耕田，趁餘閒，教下些弟子兒孫，成龍成虎任方便……」（《長短句》）。他造的

拳，就是流傳於後世，至今延綿不絕的太極拳。

但是，早期的太極拳並不叫「太極拳」，而是稱為「長拳」、「綿拳」、「十三勢」、「軟手」等。清乾隆年間，山西民間武術家王宗岳用《周子全書》中闡發《易經》太極陰陽的哲理來解釋拳理，寫成《太極拳論》，太極拳的名稱才確定下來。

第二節　太極拳流派

太極拳在長期流傳的過程中，演變出許多風格各異的流派，最主要的有陳式、楊式、吳式、武式、孫式五大傳統流派，新中國成立以後創編的簡化太極拳和競賽太極拳，以及民間各派傳人編創的太極拳。

一、陳、楊、吳、武、孫五大傳統流派

陳、楊、吳、武、孫五大傳統流派是繼陳王廷之後，至新中國成立以前，由太極拳習練者當中的傑出之輩改革、發展、創新而成的太極拳。

（一）陳式太極拳

陳王廷編創太極拳原有七套拳架，再傳五世，至第十四世陳長興（1771—1853）、陳有本（1780—1858）時，原來一百零八勢長拳和太極拳第二路至第五路，在陳家溝已經很少有人練習，陳氏拳家已經由博返約，專精於太極拳第一路和炮捶（現稱陳式太極拳第二路）。大約道光咸

豐年間，為了適應保健的需要和不同學習對象的練習需要，陳有本去掉老架中的某些難度動作，編成陳式新架太極拳。這套拳架與陳式老架沒有本質的區別，主要區別在於老架拳弧形繞轉的圈較大，新架拳圈較小，故也稱老架為圈拳，稱新架為小圈拳。陳有本的弟子、族侄陳青萍，又在陳有本所傳拳架的基礎上創造了兩套架式。其中一套小巧緊湊，動作緩慢，練會後逐步提高技巧。另一套，注重技擊，常在周身一起轉圈的過程中突然發勁，勁快而猛烈，有似旱天炸雷。前者，陳青萍傳於陳家溝北鄰的趙堡鎮，人稱趙堡架；後者流傳於陳家溝東鄰的王圪當村，人稱「圪當顫架」，或稱「忽雷架」。

　　陳式太極拳注重纏絲勁練法，在運動時不斷地旋腰轉脊，旋腕轉膀和旋踝轉膝，形成一動全動、貫串整體的一系列無限延長的螺旋動作。陳式太極拳的特點可概括為：顯剛隱柔，落點使剛，剛而緊，轉換用柔，柔而弛，動作螺旋，忽隱忽現，蓄發並用，快慢相間，粘走助應，吞吐自然。呼吸講究「丹田內轉」和「氣沉丹田」密切結合的功夫。

陳王廷（1600—1680），陳式太極拳創始人

(二)楊式太極拳

025

楊式太極拳是楊露禪和楊澄甫祖孫三代從陳式老架繼承發展而來的。楊式太極拳的宗師是楊福魁，字露禪，河北永年縣人。

19世紀中葉，少年楊露禪經太極高手陳德瑚介紹，到陳家溝習練太極拳（陳式太極拳歷來家傳，外姓楊露禪首得真傳），前後三次，達18年之久。由於忘我苦學，深研其奧，練得武藝高強，技藝超群，威震武林，被譽為「楊無敵」。學成之後，他返回家鄉永年，傳授陳式太極拳，後來又到北京端王府傳習拳藝。由於王府學拳練拳者基本上是貴族子弟，體弱力單，不適於練習陳式太極拳，所以他將拳法加以改造，減少陳式太極拳發勁、縱跳、震足和難度較高的動作，使其動作簡易、柔和平穩、均勻連貫，形成獨特風格，太極拳變成一種人人可練、重在養生的運動。後經其子楊班侯修改為小架，楊健侯改為中架，再經其孫楊澄甫改為大架，遂定型為目前流傳最廣、最令人喜

楊露禪（1799—1872），楊式太極拳創始人

愛的楊式太極拳。可以說，楊式太極拳的出現，促進了太極拳運動的大眾化。

　　楊式太極拳架式有高、中、低之分，其特點是速度均勻，綿綿不斷，動作簡潔，運動似抽絲式地圓轉，在動作和呼吸自然結合方面，單純採用「氣沉丹田」的方法，能很自然地表現出氣派大、形象美的獨特風格。

楊澄甫（1883—1936），楊式太極拳定型者

（三）吳式太極拳

　　吳式太極拳是從楊式太極拳所傳的拳式發展而來的。吳式太極拳創始人吳鑒泉，滿族（後改漢姓為吳），河北大興人（現北京市大興區），自幼跟父親全佑學習太極拳。全佑在端王府向楊露禪學太極拳大架子，後又拜楊露禪之子楊班侯學習楊式太極拳小架子，所練之拳以柔化著稱。在父親的指導下，吳鑒泉潛心研究，造詣日益精深，並對家傳的太極拳不斷修改，突出輕柔、細膩、連綿的風格，形成吳式太極拳這一流派。

　　吳式太極拳的特點是：以柔化著稱，動作輕鬆自然，

吳鑒泉（1870—1942），吳式太極拳創始人

連續不斷，拳式小巧靈活、細膩。拳架由開展而緊湊，緊湊中不顯拘謹。推手動作立身中正，手法嚴密，細膩綿柔，守靜而不妄動，亦以柔化見長。

(四)武式太極拳

　　武式太極拳是從陳式太極拳繼承發展而來的，為清末河北永年縣人武禹襄所創。武禹襄出身官宦人家，代代習武。當楊露禪從陳家溝學成返回永年後，武禹襄從師楊露

武禹襄（1812—1880），武式太極拳創始人

禪學陳式老架太極拳，後又慕名到陳家溝隨陳青萍（陳式太極拳傳人）學陳式新架。經多年提煉與融合，自成一家，創成武式太極拳。

武式太極拳的特點是：姿勢緊湊、動作舒緩輕靈，步法嚴格，虛實分明，胸部、腹部在進退旋轉中始終保持中正；完全是用內氣的潛轉和內勁的虛實轉換來支配外形；左右手各管半個身體，不相逾越，出手不過足尖。

(五)孫式太極拳

孫式太極拳創始人孫祿堂，河北完縣人。孫祿堂精通形意拳、八卦掌，民國初年又向郝為真（武式太極拳傳人）學習太極拳，並聚武式太極拳、形意拳、八卦掌三家拳術之精義，融會貫通，獨創孫式太極拳。

孫式太極拳的特點是：進退相隨，邁步必跟，退步必撤；動作舒展圓活，敏捷自然；練習時雙足虛實要分清，全套練起來如行雲流水，綿綿不斷；轉身時多以「開」、「合」相接，故又稱「開合活步太極拳」。

孫祿堂（1860—1933），孫式太極拳創始人

二、簡化太極拳和競賽太極拳

新中國成立後，為普及和比賽的需要，在傳統太極拳五大流派拳式的基礎上，國家創編了簡化太極拳和競賽太極拳，具體包括：1956年由國家體委創編公佈的「簡化太極拳」（又稱「24式太極拳」），該拳由李天驥主編，現已普及到海內外，隨後他又創編了32式太極劍；由門惠豐、李德印、王新武創編的48式太極拳；國家體委又組織修訂了楊式拳架為「88式太極拳」。

為了規範太極拳運動適應競賽的需要，1988年國家體委組織了四式太極拳競賽套路的編寫組和審定組，以張文廣教授為組長，編制了楊、陳、吳、孫四式太極拳競賽套路，隨後還編制了武式太極拳競賽套路。

為了亞洲和世界比賽的需要，1989年，國家体委組織了門惠豐、李德印等專家，創編了「太極拳競賽套路」（也稱「42式太極拳」），還於1991年組織了張繼修、李秉慈、曾乃梁和闞桂香等專家，創編了「太極劍競賽套路」（也稱「42式太極劍」）。

這些套路的誕生，促進了太極拳運動的大普及和大發展，使古老的、傳統的太極拳運動緊跟時代的步伐，以嶄新的姿態，沿著科學化、系統化和現代化的方向闊步前進。

三、民間流傳的諸家門派

除傳統五大流派和國家組織編寫修訂的太極拳外，一些民間太極拳造詣較深者，在傳統太極拳的基礎上，推陳

出新，創編出了許多風格各異的太極拳。民間流傳的諸家門派太極拳有：趙堡太極拳、和式太極拳、太極長拳、雲房太極拳、猶龍派太極拳、宋式太極拳、李派太極拳、三豐太極拳、武當太極拳、武當神功太極拳、武當原式太極拳、武當趙堡傳統三合一太極拳、三星太極拳、四維太極拳、五行太極拳、九宮太極拳、金陵太極拳、動步太極拳、動靜太極拳、靜功纏絲太極拳、如意太極拳、自然太極健身舞、水上太極拳、輪椅太極拳、東岳太極拳、健身太極拳等。

它們是太極拳寶庫中不可缺少的一部分，對於太極拳的傳承、創新、推廣起到了重要的輔助作用。

第三節　太極拳系的內容

太極拳是一個內容豐富的體系，它包括功法、套路、器械、推手四個方面。而目前人們通常理解的和習練的，僅僅是太極拳的套路。在這裏全面介紹太極拳的內容，是希望習練者練個清楚，練個明白，不要誤將太極拳套路等同於太極拳。

一、功　法

功法是武術的主要運動形式之一。太極拳功法指的是太極拳中基本的練習方法或鍛鍊方法。太極拳陳、楊、吳、武、孫五大流派和民間流傳的諸家門派太極拳中，都有著各具特色的功法練習內容。

二、套　路

套路是中國武術的一個突出特點。太極拳套路是將一個個太極拳單一動作，按一定的順序編排起來進行演練的運動形式。太極拳套路的類型有：傳統套路、競賽套路、對練套路等。

(一)傳統套路

傳統太極拳是指由歷史上某人所創、經歷了一個較長歷史時期，代代相傳至今保留著原來風格的太極拳，如陳式（一路、二路炮捶）、楊式、吳式、武式、孫式五大流派和民間流傳的諸家門派太極拳套路。

(二)競賽套路

競賽太極拳是指國家體育部門編定、指定的太極拳競賽套路和自選創編套路。競賽太極拳規定套路的編定是為了現代體育競技的需要，為了競賽的規範性，適當採取一定的形式，它的根源還是傳統太極拳，在編定的過程中也是邀請了許多傳統太極拳家共同參與編創的。

傳統太極拳中的精華的、具有代表性的動作都吸收到了競賽套路中，它在理論上、要領上和傳統太極拳套路的要求是一致的，只是在動作要求上具有一定的難度。

(三)對練套路

上個世紀80年代初，著名武術家沙國政老師整理出版了《太極拳對練》一書，這本書對推廣太極拳對練、提高

練習太極拳的興趣、熟悉太極拳的攻防原理起到了十分重要的作用。

曾乃梁、陳思坦編著的《新編太極拳對練》一書，融合了陳式太極拳、八卦掌、長拳、擒拿等方面的內容，加以改造，在佈局、節奏、難度、運動量等方面都進行了大膽的改革與創新的嘗試，力求傳統性與時代性的高度結合，讓古老的傳統文化煥發青春，體現出時代的特徵。創編的套路，包容了健身性、娛樂性、競技性和表演性，是非常好的太極拳對練套路。

三、器 械

太極器械有太極劍、太極刀、太極棍、太極槍、太極大刀、太極棒（尺）、太極扇、太極球等。

(一)太極劍

太極劍是太極拳運動的一個重要內容，它兼有太極拳和劍術兩種風格特點，一方面它要像太極拳一樣，表現出輕靈柔和，綿綿不斷，重意不重力，同時還要表現出優美瀟灑、劍法清楚、形神兼備的劍術演練風格。

太極劍也有套路運動形式，如：傳統的陳式太極劍（75式）、楊式太極劍（54式）、吳式太極劍（乾坤劍）、孫式太極劍（純陽劍），還有國家組織創編的32式太極劍、42式太極劍，以及武當太極劍、四維太極劍等。

(二)太極刀

太極刀是太極器械中的短兵器之一。太極刀全長為三

尺左右，其中刀刃長2.4尺，柄長6寸左右，刀首圓環直徑寸許。其重量多在2～3斤以上，太極拳前輩日常練習之刀，往往超重5斤，其意在增長手勁及靈活腰腿。太極刀很講究刀法實用，不要刀花，動作樸實無華，姿勢舒展優美，氣魄雄偉，速度一般較練太極拳和太極劍要快。

(三)太極大槍

太極大槍又名太極大杆、太極十三槍，是太極門中獨特的長兵器。大杆長一丈餘，杆身以山東泰安產的白蠟木為之，其頂端粗如鴨蛋黃，末端粗如鴨蛋，其重量為其他一般槍桿的3倍。

由於它又長又重，沒有較深厚的太極拳功夫，則不易掌握其要領。歷來太極名家對此槍術深自秘惜，非入室弟子不傳，故至今仍然流傳不廣。

(四)太極棒

太極棒（尺），又名太極棒（尺）導引術、太極柔術、太極鬆小棍等。主要是手持太極棒、太極尺或鬆小棍這些簡單的器械進行健身鍛鍊。其特點是引人入靜，不發生任何偏誤，並能保健強身，老少皆宜。

（1）太極棒：長約1市尺，直徑約1寸，最好用硬木製作。

（2）太極尺：尺寸與太極棒相同，只是樣式複雜些，作用相同。

（3）鬆小棍：長約1.5市尺，直徑約1.2寸，最好用花椒木製作。

(五)太極扇

太極扇是太極拳械中一項風格獨特的器械運動，它是在太極拳運動的基礎上，結合扇術的基本方法創編而成的，因此它兼有太極拳和扇術的風格特點，具有以意導扇、扇身合一、扇走美勢、圓轉旋翻等運動特點，更具有益腦增智、通經活血、強身健體、陶情冶志等獨特的養生健身功效。

太極扇的內容很豐富，有陳式太極扇、楊式太極扇、四維太極扇、雲波太極扇、太極功夫扇等。

(六)太極球

太極球是太極拳器械運動之一，主要用來鍛鍊太極拳勁力及健身。太極球有單練、對練、平練、立練、吊練、抓練等多種練習方法，還創編有風格獨特的太極球套路練習法。球一般有銅球、鐵球、木球和石球等。

木球最好用沉香木，因為沉香能引氣入丹田。人在鍛鍊時一呼一吸，沉香通鼻入肺，大有好處。石球一般用灰、白兩色麻石製成，石質堅硬，表面光滑。此功多在門內流傳，較之其他太極器械，傳播不甚廣泛。

四、推　手

太極推手是一項集技擊性、健身性、安全性、智慧性和娛樂性為一體的體育運動。在技擊方法上，它總結為掤、捋、擠、按、採、挒、肘、靠八種方法，簡稱為「八法」；在安全方面，它創造出了一種在互不脫手和不使用

護具的情況下絕對安全的比賽方式。它突出鬥智，強調變化，人不知我，我獨知人，是一種智慧型的較量。

太極推手適合男女老少和各種職業的人進行鍛鍊和比賽，有益於人的身心健康，可以行氣活血，降壓舒心，舒筋活絡，增進食慾，提高情緒。

太極推手要以腰為軸，動作主宰於腰，腰部的運動使帶脈流暢。推手運動需要強大的下肢力量，因而能使下肢肌肉得到鍛鍊，下腔靜脈血的回流處於優勢狀態，回心血量大增，可以改善血循環系統，對防治心血管疾患尤其有好處。

太極推手鍛鍊有利於太極拳技術的提高。推手需要有套路練習的功架基礎，透過推手，意、氣、勁和八法技術的靈活應用，可加深練習者對太極拳的理解。

第四節 初學者如何選擇學練太極拳的內容和注意事項

一、如何選擇太極拳入門練習的內容

太極拳的流派較多，從流派繁衍出來的太極拳套路更是繁雜，套路有長有短，內容有多有少。由於各人所處的條件和環境各異，興趣愛好又不一樣，所以很難定一個尺度來選擇何種太極拳練習為好。

太極拳系的內容，上文已有介紹，初學者可以參考其他資料，或找一個老師咨詢一下，以對太極拳有進一步的

瞭解，再開始學習太極拳。在這裏筆者闡述一下自己的觀點，僅供參考。

最好的方法是從太極拳基本功、功法和簡單的套路開始練習，有一定的基礎以後，再逐漸學練傳統流派的太極拳。24式太極拳是1956年由國家體委編定發佈的套路，簡單易學，科學規範，可作為所有想學習太極拳的愛好者的入門套路。如果是老年人純粹為了健身，選擇練習一些功法和簡單的套路如24式、42式即可；如果是年紀相對年輕一點的，可以進一步練習傳統流派的套路器械和推手，參加表演和比賽。

二、初學者注意事項

初學太極拳者應注意下列問題：

（1）根據自身情況，選擇一個適合你練習的套路。重要的是學會正確的功架。要掌握身型、步型、步法、手型、手法，每個招式都合乎規格。

（2）買一本簡單、準確的太極拳書看一看，學習一些太極拳的基本理論和基礎知識。

（3）找一位明白太極拳的老師教你，或參加太極拳輔導班。

（4）學習太極拳要循序漸進，從中練習和體會放鬆、輕靈、柔和、沉穩、呼吸自然。

（5）練太極拳的服裝要準備一下。如民族風味濃厚、寬鬆垂墜、著裝舒適、運動方便的太極服裝。穿柔軟吸汗的襪子和合腳型的軟底軟面運動鞋和矮幫平底布鞋為好。在寒冷或暑熱的天氣裏練習，一定要注意增減衣服，

防止感冒或中暑。大運動量練習後，要及時換去汗濕的衣服。告誡練功者，練功時避風要像躲避鋒利的暗箭。中醫病因學說認為風邪是外邪（各種外來致病因素）致病的先尋，古人甚至把風邪當做外感致病因素的總稱。因此，練功中避開烈風、隙縫之風、電扇之風、濃霧、陣雨是有一定道理的。

（6）選擇練習場地，要空氣清新、通風、平整，不能太濕，最好也別太硬。如果有條件在環境比較好的地方練習能夠神清氣爽，效果更好。

（7）開始練習太極拳之前，一定要做準備活動，先做些踝、膝、腰的韌帶伸拉、旋轉的熱身運動。一定要把身體關節及腰腿活動開，運動量逐步增加。練習結束時應做些整理活動。整理活動和熱身運動都不可忽視。

（8）饑餓時或剛吃飽飯不應練習。注意飯前飯後與練功之間應間歇半小時至一小時為宜。

（9）最關鍵的一點，要下定決心，持之以恆。希望廣大太極拳愛好者在練習中高標準、嚴要求，精益求精。

第二章
太極拳中的原理與科學

　　太極拳是中國優秀傳統文化的重要組成部分。歷史悠久，博大精深，源選流長。時代在發展，歷史在進步，古老的太極拳在現代社會，其科學性也得到了證明。目前，國內外眾多專家學者對太極拳的科學性進行了研究，太極拳的科學內涵得到了逐步的公認。

第一節　太極拳的健身原理與科學

太極拳結合了傳統導引、吐納的方法，著重練意、練氣、練身，三者之間緊密協調，外練骨骼、關節、肌肉，內練五臟六腑，使身心得到發展，具有極高的健身養生價值。

一、提高運動系統的活動能力

人體的一切活動都是以骨骼為槓桿，關節為支點，依靠肌肉收縮為動力，在神經系統的支配下，完成各種活動。人們在40歲以後活動減少，肌肉力量減弱，骨骼中有機成分也減少，骨組織中的骨細胞生長緩慢，骨蛋白質減少，因此容易出現骨質疏鬆，以及各種骨關節病變，腰椎、膝關節疼痛，這在老年人中較為普遍。中年、青少年長期伏案或在電腦前學習工作，易使頸椎、腰椎及周圍軟組織長期處於緊張狀態，造成慢性勞損、頸椎病、腰椎骨質增生等，發病率很高。

練習太極拳對上身姿勢要求中正，向上「提頂」（虛靈頂勁），向下吊襠（氣沉丹田），整個脊柱上頂下沉，做反向對拉拔長，從而減輕脊柱關節承擔的負荷。而且太極拳強調「一動無有不動」，全身性協調運動，特別強調以腰脊帶動四肢，上行為腰帶肩，肩帶肘，肘帶腕，腕帶手指達於指尖；下行為腰帶胯，胯帶膝，膝帶踝，踝帶腳掌達於腳端。

其動是一動全動，節節貫串，並要求動作柔、鬆、慢、勻、圓，因此它能有效鍛鍊骨骼關節。

由於肌肉和骨骼不斷地做螺旋形和弧形動作，使關節周圍的肌肉、關節囊和韌帶受到良好的鍛鍊，增強了關節的穩定性、柔韌性和靈活性。久練太極拳可使人體筋骨肌肉既有彈性又有力量，對腰腿疼痛患者有很好的康復功效。但習練時一定要講求科學性，如練不得法，會造成傷痛，尤其是腰膝疼痛。

二、增強臟腑各器官的功能

太極拳是意識、呼吸、動作（意、氣、形）三者結合的運動，它以腰為軸，帶動四肢活動，由於腰部大幅度轉動，從而帶動胃、腸、肝、膽、脾、腎作大幅度轉動；更重要的是太極拳強調氣沉丹田，保持均勻深長的腹式呼吸，使胸腹部開合起伏，氣勢鼓蕩，從而使胸腹腔內各器官（五臟六腑）收到柔和、緩慢、持久而又有一定節奏的按摩作用。以及胸腹部壓力有節奏的升降，有利於臟腑氣血循環旺盛，生機活躍，使軀體和內臟獲得更充足的血液營養。血行流暢，肝膽系統在保持活血化淤的情況下，生機旺盛；深長而節律性的腹式呼吸使肺通氣量、活動量加大，氣體交換充分進行，心肺功能得到加強；體外運動和體內氣息運行的按摩，加強了胃腸的蠕動和消化吸收的能力，進而改善整個消化系統。胃竇炎和慢性潰瘍症狀會得到改善和修復。

總之，練習太極拳有利於各臟腑器官功能的增強。

三、對循環系統的調節

人體循環系統是一個封閉的管道系統，包括心血管系統和淋巴系統。據統計，無論歐美還是中國，人類的「第一殺手」是心腦血管疾病。預防心腦血管疾病，除了戒菸和調節飲食外，最主要的手段是運動，而太極拳則是最有效的運動項目之一。

因為太極拳要求「用意不用力」，沒有什麼發勁和過猛過急的動作，用勁如蠶吐絲綿綿不斷，這種緩慢輕柔的運動使痙攣的小血管得以鬆弛，彈性增強，從而使血壓自然下降。而且在運動中，微動脈、毛細血管前括約肌、微靜脈都舒張開放，毛細血管數目成倍增加，既加強了血液循環，又降低了外周圍的血管阻力，故有利於血壓下降。太極拳運動量不大，所需的能量可由有氧代謝提供，不存在氧債問題，也就不會加重心肌缺氧。

久練太極拳，可以鍛鍊心血管系統，加強心肌營養，使心肌纖維強壯、有力，心跳次數減少，增大心臟每搏輸出量，增加心肌儲備力。

一個人全身的毛細血管平時只有20％左右開放，而久練太極拳，能促使更多毛細血管開放，並反射性地引起冠狀動脈的血流量增加，促使血管穩定性增強，更適應外界的刺激。

練太極拳還能透過骨骼收縮、舒張使靜脈血流加速，並由膈肌的活動對腹壓的改變，使血液儘快經下腔流進心臟，同時可以減少肝、胃、腸的淤血水腫，因此，練習太極拳對防治心腦血管疾病無疑是一個理想的手段。

四、對神經系統和免疫系統的調節

在生活節奏快、壓力較大的現代社會，許多人長期處於高度緊張的狀態，身心長期處於超負荷的亞健康狀態，從而造成內分泌失調、免疫力下降，包括神經衰弱在內的各種神經疾病、傳染病、腫瘤等就會乘虛而入。

據美國醫學專家調查發現，有60%的患者所患疾病與生活緊張有關，其中尤以腸胃病、高血壓、心臟病、偏頭疼和精神疾病為甚。

太極拳要求用意念引導動作、大腦入靜、心靜神聚、內外放鬆、動作輕柔圓活，如春風拂柳，生氣盎然，使身心進入柔和舒適平靜的狀態。練後使人頓感輕快，精神抖擻，從而消除大腦的緊張和紊亂，擺脫煩躁和焦慮，學習、工作效率自然提高。

由於大腦皮質得到積極休息，從而提高了中樞神經的主導作用和調節功能，將協調全身內外器官機能的任務交由中樞神經系統執行。神經系統平衡的恢復，直接影響內分泌的平衡和免疫力的增強，提高人們對疾病的抵抗力，對高血壓、神經衰弱、腸胃病等慢性疾病起到積極的康復和醫療作用。

五、對生殖系統和泌尿系統的調節

這兩大系統基本在腰及小腹部位，即盆腔之內這一區域。太極拳尤其強調這一部分的運動。在太極拳鍛鍊的過程中，由於丹田內轉，深長呼吸，鬆腰鬆胯和腰脊旋轉，因此不斷引起小腹起伏。氣沉丹田，提肛活腎，活腰壯

腎，斂臀圓襠，臟腑揉擦和擠壓等活動，使生殖系統，尤其是男性睪丸和女性的卵巢不斷得到鍛鍊，提高其功能，經絡疏通，氣血暢流，獲得營養，同時泌尿系統的功能也能得到提高，從而身心健康活躍。

綜上所述，太極拳是一種意識、呼吸、動作（意、氣、形）三者密切結合的運動，透過全身上下內外全面鍛鍊，使人體各種機能得到全面改善，促進新陳代謝，增強人體免疫能力，健身治病，延緩衰老。而且與其他運動不同的是，太極拳練完後不會感到疲困、乏累，而是感到輕快、鬆爽、舒適、飄逸。正因為如此，所以它能夠吸引廣大國人及越來越多的外國朋友參加到打太極拳的行列中來，獲得身心健康，這也是太極拳運動的魅力所在，大家都來練太極拳吧！

第二節　太極拳的心理健康原理與科學

健康不僅是要有健壯的體魄，更要有良好的適應性及完善的心理狀態。太極拳既可以促進身體健康，又能促進心理健康。

其一，練拳可使人具有積極健康的情緒。太極拳強調鬆靜自然，以意識指導動作，要求「意到身隨」、「內外相合」、「身心皆修」，使人進入無憂無慮、無我無他的怡閑境地，使人消除心理疲勞，情緒開朗，樂觀向上。配上典雅優美的音樂，舒掌展臂，整個身心得到極大的享

受。人們會感到精神振作，心情舒暢，精力充沛，青春煥發，對生活充滿希望。

其二，太極拳可以養生修性，改變人的消極個性。太極拳要求立身中正，形神一致，動作勻速緩慢，似行雲流水，連綿不斷，動中求靜，靜中有動，虛實結合，剛柔相濟，處處充滿哲理，故長練之可使急躁、易怒、焦慮、多疑小氣的人改變成穩健、豁達、沉靜、隨和、樂觀的人。且因長年不懈的晨起晚歸，風雨無阻地鍛鍊，故能培養人堅韌不拔的毅力和冷靜、沉著的精神，有助於克服懶惰、散漫、注意力不集中、意志薄弱、消極的個性和行為習慣。加上清晨的寧靜，空氣的清新，柔和的拳術，讓人心曠神怡。因而太極拳不僅僅是一種健體強身的拳術，而且還具有內涵豐富、博大精深的太極精神，它既能提高人的修養，又能健全人格，陶冶情操。

其三，太極拳可以提高人的社會適應性和人的社會行為水準。練太極拳者，常是集體習拳，雖是群體活動，但大家是為健身而來，彼此不猜測、無隔閡，無利益衝突，容易親近，並常相互切搓技藝。在交流拳藝的過程中，亦交流了情感，彼此感到溫暖，增進了相互間的理解和信任，改善了人際關係，從而疏導了工作中造成的心理壓抑和感情危機，使人與人的關係更加和諧、融洽，達到心理相容、心理溝通。在改善人際關係的同時，也提高了自身修養，學會了關心他人，學會了奉獻，提高了人的社會適應性和行為水準。

我們可以從觀察到的大量事例證明，凡是長期堅持練習太極拳的人，絕大多數舉止沉穩，性情溫和，談吐不

俗，氣質高雅，心胸開闊，所以說，太極拳運動是修身養性高級典雅的文化和健身活動。

第三節　太極推手中的力學原理與科學

太極推手是一種對抗練習。在戰術上，講求以靜制動，以柔克剛，以小力勝大力；在技術上，講究粘黏連隨，發放寓於引化，十分注重用力的技巧。

推手以破壞對方平衡，迫使對方倒地或移出界外為目的，所以穩定重心，保持自身平衡，是戰勝對方的防守基礎。根據平衡規律，平衡穩度大小與人體重心垂線的投影點、重心的高低、支撐面的大小三個因素有關。許多太極拳論著都強調「中定勁」是穩定重心的關鍵，並對身體如何保持中定作了詳盡的論述。

推手在體勢要領方面講求尾閭中正，腰部要鬆沉，胯、膝要鬆活，這些要領都是為了使重心垂線投影點儘量靠近支撐面中心，盡可能降低重心高度，使各方向的穩定角為最大值。由於人體的支撐在下方，兩腳支撐面狹窄，屬於不穩定平衡，而人體重心的特點又是隨動作而變化，當人體受力發生前俯、後仰、側彎時，重心可能偏移至體外，發生傾倒或移動。推手講求周身均有虛實變化，這些變化表現在手法、步法、身法諸方面。

人體受外力作用，重心偏離支撐面的時候，透過步型調整，步法變換，使兩腳在規則允許範圍內，朝有利於穩

定重心的方向變換虛實，構成新的支撐面；或透過手法、身法的變化，降低重心高度，以穩定重心。這些有助於穩定重心的「補償運動」，就是為了使身體重心垂線隨時保持在支撐面內。使重心在支撐面內保持最大的平衡角，這是從力學角度保持人體穩定的關鍵。

　　更為重要的是，透過周身虛實變化，使人體機能處於最有利的工作狀態，從而增強人體的抗傾斜能力，為發力創造有利條件。

第三章
太極拳中的武德培養

　　「未曾學藝先學禮，未曾習武先習德」，武德是習武者應遵循的道德規範。太極拳是中華傳統武術的一部分，也十分重視武德的培養。

第一節　武德的觀念

所謂武德，即武術道德，是從事武術活動的人在社會活動中所應遵循的道德規範和所應有的道德品質。在進行道德重建的過程中，各種價值觀、世界觀都對武德有一定的影響，而以傳統價值觀念的影響最大，因而我們應充分吸收其精華，發揮其易於被大眾接受的優勢。太極拳是傳統文化的一個縮影，蘊涵著豐富的武德內涵。主要表現在以下三個方面：

一是重「德」

儒家主張「萬物以德為生」，太極拳中的「德」具體講就是武德，練拳者自身要十分講究修養，武德不好，功技再高也不能算做優秀的武術家，武德不好難以練成或學到上乘的太極拳功夫。

培養良好的道德情操是學校教育和各種職業教育必有的關鍵環節，良好的武德也是學練好太極拳的前提。

二是講「仁」

孔孟之道的仁學，其基本思想是以仁慈、忠厚、善良和愛心來待人接物，處理一切人際關係。這是針對他人的，是關於拳的使用規則，不起無名之兵，不逞匹夫之勇，以靜制動，後發制人。

武德的仁學思想首先表現在練武與修身的統一，習武

是人生品德修養的重要途徑和方法，要求習武者要有高尚的品德與宏大的胸懷和氣魄。

其次，武德的仁學思想還體現在武技的運用上。武術的本質是技擊，技擊必然內含著殘酷與暴力。然而武術的仁德精神講究以武會友、點到為止，以「禮」來規範行為。以智取對方為主，不傷害他人。

三是講「禮」

這是指拳術的運用程序，練拳人之間要互相尊重，「敬人者人恒敬之」，尊敬師長，尊敬拳友。人與人之間以禮相待，以誠相待，社會關係才能和諧，社會才能處於良好的運行秩序之中。

第二節　武德守則和諺語

一、武德守則

　　熱愛人民，精忠報國。
　　弘揚武術，以德為先。
　　崇尚科學，反對迷信。
　　文武兼備，修養身心。
　　遵紀守法，扶正祛邪。
　　維護公德，尊老愛幼。
　　愛崗敬業，勤學苦練。
　　團結友善，謙虛謹慎。

誠實守信，知行統一。
儀錶端莊，禮貌待人。

二、武德諺語

欲練武，先修德。
拳以德立，德為藝先。
無拳無勇，無德無拳。
以德為先，技道兩進。
文以評心，武以觀德。
文以德新，武以德顯。
為善最樂，作惡自難。
習武講武德，英雄顯本色。
武德比山重，名利草芥輕。
德薄藝難高，敦厚功易深。
河深靜無聲，藝高不壓人。
未曾學藝先學禮，未曾習武先習德。

第三節　武禮規範——抱拳禮

一、「抱拳禮」的規格及應用

規格：併步站立，頭正身直，右手握拳，左手大拇指屈回，其餘四指併攏掩掌於右拳上，拳掌與胸相距20～30公分，兩臂屈圓，與胸平齊。行抱拳禮時，目視受禮者（圖3-1）。

圖3-1　抱拳禮

應用：在練功開始和結束時，上課與下課前，表演、比賽的上場與下場都必須先行抱拳禮。

二、「抱拳禮」的含義

「抱拳禮」的具體含義可歸納為以下幾點：

（1）左掌為文，右拳為武，古代在技擊前行禮的一種方式，稱為「起式文武手」（請）。現代意為習武者要學文化和練功夫，文武兼學，虛心，渴望求知，恭候師友、前輩指教。

（2）左手為掌，表示德、智、體、美齊備，屈大拇指表示不自大。

（3）右手為拳，表示勇猛習武者；左掌掩右拳相抱，表示「止戈為武」，以此來約束勇武的意思。

（4）右手握拳喻武，「以武會友」。以左掌掩右

拳，喻拳由理來。屈左大拇指，喻不自大。左掌四指併攏，喻四海武林同道團結齊心，發揚武術。

（5）左掌右拳攏屈，兩臂屈圓，表示五湖四海，可泛指：

①中國五湖為：洞庭湖、鄱陽湖、太湖、青海湖、洪澤湖；中國四海為東海、黃海、南海、渤海；

②世界五大洲為：亞洲、歐洲、美洲、非洲、大洋洲；世界四大海洋為太平洋、印度洋、大西洋、北冰洋。

③五湖四海：泛指全國各地，到處都為家，到國內國外去學習。

天下武林是一家，謙虛團結，以武會友，和諧社會，全世界人民都來練太極，發揚太極拳文化。

第四章
太極拳中的基本技術
和要求

太極拳是一項全身性運動。太極拳運動中的手型、步型、步法、腿法、身法、眼法等基本技術，以及主要部位的要求非常重要，是太極拳入門必須掌握的基本技術和要求。

第一節　太極拳對身體主要部位 的要求

太極拳的姿勢、動作，都有一定的要領，並各有其意。其對主要部位的要求是：

（1）頭：

虛領頂勁，頭正頂平，好似頂一碗水，不可偏歪或搖擺。

（2）口：

口要虛合，舌頂上齶，用鼻呼吸。

（3）頸：

自然豎直，肌肉不可緊張，能靈活轉動。

（4）肩：

保持鬆沉，不可聳起，也不可後張或前扣。

（5）肘：

沉墜下垂，自然彎曲，保持一定的曲線。

（6）胸：

舒鬆自然，不要外挺或內縮。

（7）背：

舒展伸拔，使脊柱關節屈伸自如。

（8）腰：

自然鬆垂，不可後弓或前挺。

（9）脊：

中正豎直，不可前俯後仰、晃動搖擺。

（10）臀：

向內收斂，不可外突或搖擺。

（11）胯：

保持鬆、活、正、沉，大腿根凹處內含，時刻留意中正。

（12）膝：

伸屈自然柔順，不要僵直。

（13）腳：

十趾微屈抓地而立，著地必須腳跟、腳尖虛實分明，隨重心進行調正變換。

第二節　太極拳基本技術的要求

一、主要手型

手型是指手掌的形態。太極拳拳術中有拳、掌、勾三種主要的手型。

1. 拳　型

（1）**拳型做法：**四指自然捲屈，拇指壓手食指、中指第二指節上（圖4-1）。

【要點】握拳不可太緊，拳面要平。

（2）**拳型方位名稱：**拳的各部位名稱有拳心、拳眼、拳輪、拳面、拳背。

根據拳心、拳眼的方位可分為平拳和立拳。

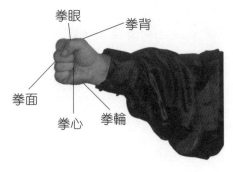

圖4-1

平拳：拳心向下，叫陰平拳；拳心向上，叫陽平拳。

立拳：拳眼向上，拳心側向，又叫日字拳。

2. 掌　型

（1）**掌型做法**：五指自然舒展，掌心微含（圖4-2）。

【要點】虎口呈弧形，腕部保持鬆活。

（2）**掌型方位名稱**：掌的各部位名稱有掌背、掌心、掌緣、掌尖。

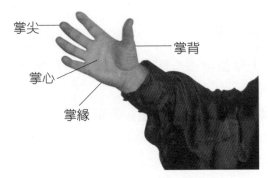

圖4-2

根據手腕的屈伸分為平掌、立掌和側掌。

平掌：手腕與前臂齊平（仰掌，掌心向上；俯掌，掌　
心向下）。

立掌：手腕近似90°（正立掌，手心向前，指尖向上；
側立掌；手心向側向前，即掌緣向前，指尖向上）。

側掌：掌心側向，指尖向前。

3. 勾　型

（1）**勾型做法**：五指合攏，自然微屈成弧形，屈腕
（圖4-3）。

【要點】掌心含空，五指不可用力。

（2）**勾型方位名稱**：勾的各部位名稱有勾頂、勾尖。

根據勾尖朝向分為正勾和反勾。

正勾：屈腕勾尖向下。

反勾：屈腕勾尖向上。

圖4-3

二、 主要步型

步型是指下肢腿腳的基本形狀。步型的關鍵是穩定。太極拳拳術中有弓步、虛步、仆步、丁步、獨立步5種主要步型。

1. 弓 步

前腿全腳掌著地，屈膝前弓，膝部不得超過腳尖，後腿自然伸直，膝蓋與腳尖朝同一方向（圖4-4）。

【要點】圓襠沉胯，不要扣胯。

圖4-4

2. 虛 步

一腿屈膝半蹲，全腳掌著地，腳尖斜朝前；另一腿微屈，腳前掌點地或腳跟著地（圖4-5、圖4-6）。

【要點】虛實分明，注意半蹲的膝蓋與腳尖朝同一方向，不要撅臀。

圖4-5　　　　　　　　　　圖4-6

3. 仆　步

一腿屈膝全蹲，另一腿自然伸直，兩腳跟不可離地（圖4-7）。

【要點】屈蹲腿的膝蓋與腳尖相對。身體不要前撲。

圖4-7

4. 丁　步

一腿屈膝半蹲，重心在屈膝腿上，另一腿亦屈膝，腳前掌點地於支撐腳內側（圖4-8）。

圖4-8

【要點】虛實要分清。屈蹲腿的膝蓋與腳尖方向一致。點地腿的小腿肌肉不可緊張。身體保持中正。

5. 獨立步

一腿微屈支撐，另一腿屈膝提起，大腿水平或高於水平（圖4-9）。

圖4-9

【要點】支撐穩定，提膝，腳尖自然鬆垂。注意斂臀，支撐腿不可太直。

三、主要步法

步法指腳步的移動方法。太極拳對步法的要求是「邁步如貓行」，動作的靈活、變化全在步法。

1. 前進步

一腳站穩，另一腳向前邁出，以腳跟先著地，重心不可同時前移。

【要點】弧形進步。

2. 後退步

一腳站穩，重心不動，另一腳提膝向後落，腳尖先著地，重心不與退步同時後移，先落腳再移重心向後。

【要點】弧形退步。

3. 側行步

兩腳交替向體側移動。

【要點】提腳時腳跟先起，落腳時腳尖先落，保持身體平穩移動。

四、主要腿法

腿法指腿的運動方法。武術諺語有「手是兩扇門，全憑腿打人」的說法。24式太極拳中有蹬腳的腿法。

蹬腳：支撐腿微屈站穩，胯根內含，另一腿屈膝抬起

至腰部，然後慢慢蹬出，腳尖向上，力點在腳跟。

　　【要點】支撐穩定，蹬腳高過腰。

五、身　法

　　身法指腰帶動軀幹的運動方法。軀幹要保持中正安舒，旋轉鬆活，不偏不倚，自然平穩。動作時以腰為軸，上下相隨，虛實分明，不可僵滯浮軟，忽起忽落；要舒展大方，完整貫串。

六、眼　法

　　眼法指眼的運動方法。眼是神的具體反映，俗稱眼神。練太極拳時要思想集中，意念引導。定勢時，眼平視前方或注視兩手；換勢時，眼與手法、步法、身法協調配合。勢動神隨，神態自然。

第五章
太極拳基礎功法

　　「練拳不練天，到老一場空」，基礎功法是練好太極拳的根基。當今很多人開始學練太極拳，或者老師教授太極拳，都是從套路開始的。這是一種想走捷徑的誤解。事實上，套路都是建立在基礎功法之上的。基本功練好了，套路是水到渠成的事情。沒有牢固的基礎功法的奠定，以後練習太極拳還是要回頭補課的。

第一節　太極椿功

太極椿功是指下肢固定或全身靜止性的基本功訓練。由於它的身型、步型鬆靜穩固，好像木椿栽於地面，故稱椿功，又稱椿步。椿功的作用主要是端正身型，強固下肢，培養斂神入靜、調息用意的能力。站椿既有強壯身心之功，又有穩定平衡之能，可以推遲衰老的進程。前輩練習太極拳，必須先練習太極椿功，使下部有勁，而後習練架子和推手。椿功正如建造房屋之基礎，現在大多數練太極拳的人，只練拳而不站椿，「練拳不練功，到老一場空」，「百練不如一站」，「練拳不站椿，起屋未打椿。」正說明了椿功練習的重要性。下面介紹幾種最基本的椿功。

一、無極椿

太極拳練無極的形式是站無極椿。由靜止的無極椿進入盤架運動，叫做無極生太極，所以無極椿也就是太極拳的預備勢。

無極椿的練法

兩腳左右平行開立，距離與肩同寬；頭正頂懸，兩眼平視，口唇微閉，舌舐上齶，下頜微收，頸直項鬆，直腰鬆胯，屈膝，兩肩下沉，全身放鬆，呼吸自然，意想肩井穴和湧泉穴在垂直線上（圖5-1）。

【要點】初練站椿的人，須按要求來練習，每天一

圖5-1　　　　　　　　　　圖5-2

次，每次三五分鐘，然後根據各人實際情況循序漸進。

二、馬步樁

馬步樁也稱騎馬樁，形同騎馬一般。

馬步樁的練法

兩腳左右平行分開，相距比肩稍寬，屈膝下蹲如坐馬式，同時兩臂向前伸出，隨之，分向左右，平置於身之兩側，兩臂略低於肩，掌心均向下，注意鬆肩墜肘；兩眼向前平視，呼吸自然；身體下蹲的同時，意想命門穴，感到腳跟吃力時，再想膝蓋尖與腳尖呈垂直狀，穩定時，意念又至命門穴（圖5-2）。

【要點】如此反覆，直至兩腿酸苦到極點才能休息，萬不可一站即起，否則很難收到功效，初學者不可不注

意。每天早晚分做兩次練習，時間長短可以逐漸增加。

三、川字步樁

川字步樁，其形如漢字「川」，故名。川字樁被公認是攻守兩宜的架式，所以，太極大師們都喜歡選做臨場技擊的架式。

川字步樁的練法

由立正姿勢開始，先向前方踏出一步，兩腳尖方向均向前，兩腳前後的距離以自己的一長腳見方為度；隨之，往後坐身，重心寄於後腿，鼻尖、膝蓋尖、腳尖三尖相照（即三尖上下對正呈垂直線），與此同時，前腿舒直，腳尖翹起，腳跟虛沾地面，兩臂同時向前伸出，一臂在前，掌心朝裏，拇指與鼻尖前後相對，一臂在後，掌心朝外；兩眼順前手的拇指上方平遠視（圖5-3）。

【要點】初練站樁的人，可以左右換做，如能依此法做正確，身體各部即會感到舒適、愉快，尤其是腰、腿各部有異常發熱的感覺。

四、一字立體站樁

一字立體站樁有合掌式與撐掌式兩種。太極拳發勁時，都是先由腳而上至腿，由腿而上至腰，經夾脊而達於手指。但為了能使力從脊背發出，則須由立體站樁練起，才能得此效果，若不如此，則不易成功。

此樁是以養生袪病延年為用，同時對技擊也有一定的效果。

圖5-3　　　　　　　　　　圖5-4

一字立體站樁合掌式的練法

身體直立中正不可俯仰，兩腳平開成一字形狀，距離約與肩同寬，同時兩臂向前伸平，掌心均向內，兩掌的中指相對，好像用手抱樹狀，兩眼注視手中指中間，指尖剛剛相觸時，立即分開，分開後馬上使它們再相觸，相觸後再分開，分開後再相觸，就這樣兩眼視線集中在兩手指尖的接觸點上（圖5-4）。

【要點】如能依此法做正確了，胸部與兩臂裏邊，即會感到氣力充沛，圓滿舒適。進一步要做到由動而靜，即拳論中「靜中觸動動猶靜」的要求。

全身自然放鬆，兩眼也可自然地形成閉目垂簾，達到身無一物的「忘我」境界，到此境界，不養而自養，身不煉而自煉，如此堅持鍛鍊，日久功深，自能使身之氣血平

衡，成為無病之人。

一字立體站樁撐掌式的練法

除將兩手掌心向外，手背向裏，兩手中指仍相對外，其餘動作均與「合掌式」相同。在意念上，假想手上如與人或物接觸時，馬上意想脊背往後一撐，如感到脊背有東西推擠時，立刻意想兩手心往前一撐，就這樣不停地變換著意念的鍛鍊，既能使意念變化靈敏，又可使兩手及背脊發出內勁來（圖5–5）。

【要點】如能依此法做到正確時，兩臂與脊背會覺得有向外分張之力，此種感覺就是撐掌式的功能。

圖5–5

第二節　太極拳六段選

太極拳六段選是太極拳最基礎的內功之一，也是非常重要的。太極拳六段選，先採取定步練習的方法，待熟練後再做活步練習。其主要的特點是圓運動。它是由各種立圈、平圈、斜圈等組成，並結合起、落、旋、轉、虛、實、開、合的動作。主要的手法有掤、捋、擠、按，步型以弓步、虛步和馬步為主。練習時，如果健康允許宜畫大圈，則畫大圈；而訓練技擊手法宜畫小圈，則應畫小圈；並且應變換各種圈型，如大圈、小圈、立圈、平圈、斜圈、橢圈，等等。

太極拳六段選，要求精神集中，神態自然安詳，心情積極愉快。用意識指揮動作，動作結合呼吸，透過各種手法、步法、身法的配合，做到動作連綿不斷，全身上與下、內與外緊密結合。堅持長久練習，對練習者的心血管系統和呼吸系統都有促進作用，對防治一些慢性疾病也有重要作用。

一、動作名稱

練習前行抱拳禮

預備勢

第一段　裏合圈

（一）左手裏合圈

（二）右手裏合圈

（三）雙手交互裏合圈

（四）雙手同時裏合圈

第二段　外開圈

（一）左手外開圈

（二）右手外開圈

（三）雙手交互外開圈（雲手）

（四）雙手同時外開圈

第三段　裏合外開圈（野馬分鬃）

（一）右合左開圈（左野馬分鬃）

（二）左合右開圈（右野馬分鬃）

第四段　兩手平行圈

（一）左平行立圈

（二）右平行立圈

（三）左弓步平行平圈

（四）右弓步平行平圈

（五）向左平行平圈（馬步）

（六）向右平行平圈（馬步）

（七）左右順斜圈

（八）左右逆斜圈

第五段　左右蹬腳

（一）左蹬腳

（二）右蹬腳

第六段　深呼吸

練習後行抱拳禮

二、動作圖解

練習前行抱拳禮

併步站立，頭正身直，右手握拳，左手大拇指屈回，其餘四指併攏掩掌於右拳上，行抱拳禮，目視前方，然後還原自然站立（圖5-6—圖5-8）。

圖5-6

圖5-7

圖5-8

預備勢

左腳向左開立，兩腳相距與肩同寬，腳尖向前，目視前方，心靜稍停，深呼吸三次（圖5–9）。

【要點】頭頸正直，下頜微收，不要故意挺胸或收腹，全身肌肉均應放鬆，精神鎮定。如果分段練習，練習前皆宜做此勢。

第一段　裏合圈

圖5–9

（一）左手裏合圈

左腳向左邁步，兩腳平行開立，相距2～3腳，然後重心左移，腰略左轉，屈左膝蹬右腿成左弓步，右手插腰或自然下垂，左手向左畫圈，目隨手動（圖5–10）；不停，重心右移，腰略右轉，屈右膝蹬左腿成右弓步，左手經面前向右畫圈，目隨手動（圖5–11）；不停，重心又左移，腰略左轉，屈左膝蹬右腿成左弓步，左手經腹前向左畫圈，目隨手動（圖5–10）；這樣重心左、右、左移動，雙腿左弓步、右弓步、左弓步轉換，左手左、右、左畫圈，是為一圈；連續不斷畫三圈，當雙腿成右弓步、左手畫圈至身體右側時（圖5–11），不停，接右手裏合圈。

【要點】鬆腰鬆胯，以腰為軸；手臂的動作與腰的扭轉必須同步，指尖高不過眉；身體重心的移動與弓步的轉換要協調一致；自然呼吸；目隨手動。

圖5-10　　　　　　　圖5-11

圖5-12　　　　　　　圖5-13

(二)右手裏合圈

換右手畫圈，右手向身體右前方畫圈（圖5-12）；不停，重心左移成左弓步，右手經面前向左畫圈（圖5-13）；不停，重心右移成右弓步，右手經腹前向右畫圈，

圖5-14　　　　　　　圖5-15

目隨手動，連續不斷畫三圈；當重心左移成左弓步、右手畫圈至身體左側時（圖5-13），不停，接雙手交互裏合圈。

【要點】與左手裏合圈相同。

(三)雙手交互裏合圈

重心轉移和弓步轉換同左手裏合圈、右手裏合圈，兩手同時交替畫圈，目隨手動，連續不斷畫三圈（圖5-14、圖5-15）；當重心右移成右弓步，右手畫圈至右前方，左手畫圈至腹前時（圖5-15），不停，接雙手同時裏合圈。

【要點】以腰為軸，以腰帶臂，左右弓步轉換與身體重心移動和手的動作要協調一致，目隨手動，自然呼吸。

(四)雙手同時裏合圈

左腳收步，身體直立，兩腳平行開立，與肩同寬，雙

圖5-16

圖5-17

圖5-18

手自然下垂於身體兩側，掌心向前（圖5-16）；然後，兩
手同時向外、向上畫圈，身體隨手臂上舉向上伸引（圖
5-17）；不停，雙手同時向內經胸前向下畫圈，隨手臂下
落兩腿依次微蹲、前蹲或半蹲（圖5-18）；不停，雙手繼

續向外、向上畫圈；這樣向下畫圈，身體直立，向下畫圈、身體屈蹲，目隨手動，是為一圈，連續不斷畫三圈；當畫至雙手垂於體側，身體直立時（圖5-19），不停，接左手外開圈。

圖5-19

【要點】蹲起時身體宜保持中正，不要左右、前後傾斜；雙手畫圈與雙腿起蹲要協調一致；雙手向上畫圈時吸氣，向下畫圈時呼氣。

第二段　外開圈

(一)左手外開圈

右腳向右邁步，重心右移成右弓步，左手從身體右側開始畫圈（圖5-20）；首先經面前向左畫圈，同時重心左移成左弓步（圖5-21）；不停，重心右移，左手經腹前向右畫圈；目隨手動，連續不斷畫三圈；當左手畫圈至身體左側、重心左移成左弓步時（圖5-21），不停，接右手外開圈。

【要點】同左手裏合圈。

(二)右手外開圈

換右手畫圈，右手先向身體左前方畫圈（圖5-22）；不停，重心右移成右弓步，右手經面前向右畫圈（圖5-

圖5-20　　　　　　　　圖5-21

圖5-22　　　　　　　　圖5-23

23）；不停，重心左移成左弓步，右手經腹前向左畫圈；
目隨手動，連續不斷畫三圈；當右手畫圈全身體右側、重
心右移成右弓步時（圖5-23），不停，接雙手交互外開
圈。

圖5-24

圖5-25

【要點】同右手裏合圈。

（三）雙手交互外開圈（雲手）

重心轉移和弓步轉換同左手外開圈、右手外開圈，兩手同時交替畫圈，目隨手動，連續不斷畫三圈（圖5-24、圖5-25）；當重心左移成左弓步、左手畫圈至左前方時（圖5-25），不停，接雙手同時外開圈。

【要點】同雙手交互裏合圈。

（四）雙手同時外開圈

左腳收步，身體直立，兩腳平行開立，與肩同寬，雙手相疊交於腹前（圖5-26）；然後，雙手同時向上、向外畫圈，身體隨手臂上舉向上伸引（圖5-27）；不停，雙手同時向下、向裏畫圈，隨手臂下落兩腿隨之微蹲，半蹲或全蹲（圖5-28）；不停，雙手繼續向上、向外畫圈；目隨

圖5-26　　　　　　　　圖5-27

圖5-28　　　　　　　　圖5-29

手動，連續不斷畫三圈；當畫至雙手垂於體側，身體直立時（圖5-29），不停，接右合左開圈

【要點】同雙手同時裏合圈。

圖5-30　　　　　　　　　圖5-31

第三段　裹合外開圈（野馬分鬃）

(一)右合左開圈(左野馬分鬃)

上體微右轉，重心移於右腿，右手向胸前畫弧，左手向腹前畫弧，手心相對成抱球狀，同時左腳收至右腳內側，腳尖點地成虛步，目視右手（圖5-30）；然後，上體左轉，左腳向左側方邁出一步，腳跟著地，腳掌踏實，重心前移，左腿屈膝前弓，右腿後蹬成左弓步；兩手分手，左手向前、向上做外開圈，右手向後、向下做裹合圈，目視左手（圖5-31）。

【要點】兩手動作與腰的轉動協調一致，弓步與分手的速度要一致，自然呼吸。

(二)左合右開圈(右野馬分鬃)

動作與右合左開圈相同，唯左右相反（圖5-32、圖

圖5-32

圖5-33

5-33）。

　　右合左開圈、左合右開圈一共做三遍，收於左合右開圈時（圖5-33），不停，接兩手平行圈。

　　【要點】與右合左開圈相同。

第四段　兩手平行圈

（一）左平行立圈

　　收右腳，兩腳相距與肩同寬，雙手自然垂於體側（圖5-34）；然後，兩手相距約一尺，同時向左、向上、向右、向下畫三圈，頭、眼隨手動（圖5-35—圖5-38）；當雙手畫圈至小腹前時（圖5-38），不停，接

圖5-34

圖5-35

圖5-36

圖5-37

圖5-38

右平行圈。

　　【要點】兩臂平行繞圈時，要鬆肩，動作要輕鬆自然，向上吸氣，向下呼氣。

圖5-39

圖5-40

圖5-41

圖5-42

(二)右平行立圈

　　兩手同時向右、向上、向左、向下畫三圈，頭、眼隨手動（圖5-39—圖5-42）；當雙手畫圈至小腹前時，自然

圖5-43

圖5-44

分於體側（圖5-42），不停，接左弓步平行平圈。

【要點】同左平行立圈。

(三)左弓步平行平圈

收左腳，腳尖點地成虛步（圖5-43）；然後，左腳向前邁一步，以腰為軸，雙手同時向右、向前、向左、向後畫平圈，隨手向前畫圈重心前移成左弓步，向後畫圈後移成左虛步（圖5-44）；目隨手動，連續不斷畫三圈；當重心前移成左弓步，雙手畫至身體正前方時（圖5-45），不停，接右弓步平行平圈。

【要點】以腰帶動雙手畫圈；重心的移動與手的畫圈、腿的屈蹬要同步，協調一致。

(四)右弓步平行平圈

收左腳，重心移至左腳，右腳腳尖點地成虛步，雙手

圖5-45　　　　　　　　　　　圖5-46

圖5-47　　　　　　　　　　　圖5-48

收至體側（圖5-46）；然後，右腳向前邁一步，以腰為
軸，雙手同時向左、向前、向右、向後畫平圈，隨手向前
畫圈重心前移成右弓步，向後畫圈後移成右虛步（圖
5-47）；目隨手動，連續不斷畫三圈；當重心前移成右弓
步，雙手畫至身體正前方時（圖5-48），不停，接馬步向
左平行平圈。

圖5-49　　　　　　　　　圖5-50

【要點】同左弓步平行平圈。

（五）馬步向左平行平圈

收右腳，兩腿半蹲成馬步。雙手收於腰間（圖5-49）；然後，以腰為軸，雙手同時向左、向前、向右、向後畫圈（圖5-50）；目隨手動，連續不斷畫三圈；當雙手畫至腰間時（圖5-51），不停，接馬步向右平行平圈。

【要點】在雙手的運轉中，動作要曲中有直，對拉拔長。如，兩手向右前時，腰宜微向左後撐；兩手向前方時，腰宜向後撐；兩手向左前時，腰宜微向右後撐。

（六）馬步向右平行平圈

兩腿不變，以腰為軸，雙手同時向右、向前、向左、向後畫圈（圖5-52）；目隨手動，連續不斷畫三圈；當雙手畫至腰間時（圖5-53），不停，接左右順斜圈。

【要點】同馬步向左平行平圈。

圖5-51

圖5-52

圖5-53

圖5-54

（七）左右順斜圈

　　收右腳，兩腳平行並立，雙手收於體側（圖5-54）；
然後，以腰為軸，雙手同時向左上、右下、右上、左下、
左上畫「∞」字（圖5-55—圖5-58）；目隨手動，連續不
斷畫三圈；當腰稍左轉，雙手畫至左下方時（圖5-58），

圖5-55

圖5-56

圖5-57

圖5-58

不停，接左右逆斜圈。

　　【要點】以腰帶動雙手，腰擰轉與手臂動作要輕鬆協
調。

圖5-59

圖5-60

圖5-61

圖5-62

(八)左右逆斜圈

右腳稍右移，兩腿半蹲或全蹲（圖5-59）；兩手從左下方向身體正前方撩掌，同時雙腳用力蹬起，身體直立（圖5-60）；不停，兩腿半蹲或全蹲（圖5-61）；兩手從右下方向身體正前方撩掌，雙腳用力蹬起，身體直立（圖5-62）；不停，目隨手動，連續不斷畫三圈；當雙手由右

下方撩掌至身體正前方（圖5-62），
不停，接左右蹬腳。

【要點】鬆肩、鬆腰、鬆胯是此式
動作的關鍵。

第五段　左右蹬腳

收左腳，兩腳平行並立，兩手收於
體側（圖5-63）；然後，重心移至右
腿，左腿提膝，雙手在胸前交叉，左手
在裏，右手在外，目視前方（圖
5-64）；不停，左腳向左前方蹬出，力
在腳跟，兩手從頭上方分開下落，與肩

圖5-63

平，目視左前方（圖5-65）；然後，左腳落下，雙手收於
體側，目視前方（圖5-66），不停，接右蹬腳，右蹬腳與

圖6-64　　　　　　　　圖5-65

圖5-66　　　　　　　　圖5-67

圖5-68　　　　　　　　圖5-69

左蹬腳完全相同，唯左右相反（圖5-67—圖5-69）；一左
一右為一次，連續不斷做三次，不停，接深呼吸。

圖5-70

圖5-71

【要點】頭正項直，下頜微收，身體要穩定，獨立腿支撐時微屈，五指抓地，手與腳動作協調一致。蹬腳時，目視蹬腳方向，意想後手向後放長，才能保持身體平衡。

第六段　深呼吸

兩腳平行站立，與肩同寬，兩手自體側向上方舉起，同時抬起腳跟，並深吸氣；然後，兩手自體前落下，腳跟亦下落踏實，同時深呼氣（圖5-70、圖5-71）；連續不斷做三遍；收左腳，兩腳併立，雙手自然垂於體側，目視前方（圖5-72）。

圖5-72

【要點】吸氣時身體要站穩；呼氣時，兩臂下落與兩

圖5-73

圖5-74

腳漸漸踏實要協調一致；呼氣時宜放鬆胸腹。

練習後行抱拳禮

併步站立，頭正身直，右手握拳，左手大拇指屈回，行抱拳禮，目視前方，然後還原自然站立，收勢結束（圖5-73、圖5-74）。

三、注意事項

練習太極拳六段選，應注意以下三點：

（1）練習過程中應做到太極拳五訣：鬆、整、圓、勻、穩。

（2）每一段均是做三遍。可以是每一段分開練習和六段全套整體練習。也可以是個人練習和集體配音練習。

（3）為了加強武德教育，在練功開始前和結束時，

上課和下課前，表演、比賽上場前和下場時，都必須行抱
拳禮。

第三節　八門五步

　　八門五步是「太極十三勢」的組成部分，有十三種方
法，用十三個字來加以歸納為：掤、捋、擠、按、
採、挒、肘、靠、進、退、顧、盼、定。其中前八字是八
種手法，後五字是五種步法，俗稱八門五步，也稱八卦五
行、太極精華和太極十三勢。

　　八門，即四正手——掤、捋、擠、按及四隅手——
採、挒、肘、靠。

　　五步，就是前進、後退、左顧、右盼、中定。

　　太極拳以八門五步為基礎，組成了變幻萬千的動作和
套路，同時太極推手也是以此為核心而形成種種方法的。

一、動作名稱

　　練習前行抱拳禮
　　起　　勢
　　掤捋擠按
　　採挒肘靠
　　前進後退左顧右盼中定
　　收　　勢
　　練習後行抱拳禮

二、動作圖解

練習前行抱拳禮

併步站立，頭正身直，右手握拳，左手大拇指屈回，行抱拳禮，目視前方，然後還原自然站立（圖5–75—圖5–77）。

起　勢

（1）身體自然站立，兩腳併攏，頭頸端正，肩臂鬆垂，兩手輕貼大腿外側；面向南，目向前平視，心靜稍停（圖5–77）。

圖5–75

圖5–76

圖5–77

圖5-78　　　　　　圖5-79　　　　　　圖5-80

（2）左腳向左輕輕開步，相距與肩同寬，腳尖向前（圖5-78）。

（3）兩手慢慢向前平舉，與肩同高、同寬，手心向下，肘微下垂（圖5-79）。

（4）上體保持正直，兩腿緩緩屈膝半蹲，兩掌輕輕下按，落於腹前，掌與膝相對（圖5-80）。

【要點】全身放鬆，舌頂上齶，呼吸自然。

掤

（1）重心移至左腿，身體稍右轉，右腳收於左腳內側，腳尖點地成左虛步；同時左臂上抬屈於胸前，手心向下，右手翻轉向左畫弧至左腹前，手心向上，與左手相對成抱球狀；面向西，目視前方（圖5-81）。

（2）右腳向前方輕輕邁出一步，腳跟著地，身體後

圖5-81

圖5-82

坐；然後右臂向前掤出，臂微屈，掌心向內，高與肩平，左掌向左、向下畫弧、落於左胯旁，掌心向下；同時，重心前移成右弓步；目視右前臂（圖5-82）。

【要點】兩手分開要保持弧形，身體轉動要以腰為軸，弓步與分手的速度要一致。

捋

重心後移至左腿，上體微右轉，右腳向右後方退一步，腳前掌輕輕落地，然後上體繼續右轉，重心後移至右腿，左腳跟步至右腳內側，腳尖點地；同時右臂外旋，屈肘，橫掌至胸前，掌心向外，左臂內旋，向身體左側畫弧，高與肩平，掌心向外；面向北，目視前方（圖5-83、圖5-83附圖）。

【要點】左腳收腳與兩臂捋的動作要一致。

圖5-83　　　　　　　　圖5-83附圖

擠

上體左轉，左腳向前偏左上步，腳跟落地，重心移至左腿，右腳跟步至左腳內側後方，腳前掌著地成右丁步；同時左臂屈肘橫於胸前，掌心向內，指尖向右，右臂內旋，右掌心向外，指尖向上，掌指附於左腕內側；面向南，目視前方（圖5-84）。

圖5-84

【要點】向前擠時，上體要正直，手臂動作與步法一致。

按

（1）上體左轉，右腳向後退半步；雙手同時向下按掌於身體兩側，掌心向下，手指向前；同時左腳移步成左

圖5-85

圖5-86

虛步；面向東，目視前方（圖5-85）。

（2）左腳向前方上一步，腳跟落地，重心前移，右腳跟步至左腳內側後方，腳前掌著地，成右丁步；雙掌向前推出，掌心向前；目視雙掌（圖5-86）。

【要點】向前推按掌與上步要一致；兩手寬度不要超過肩。

採

（1）上體右轉，重心先移至右腿，左腳內旋約60°移步，重心再移至左腿，右腳亦內旋移步，腳跟抬起；同時，兩手臂內旋，抓握拳，左手臂伸直，右手臂屈肘在胸前；面向西南方，目視左拳（圖5-87）。

圖5-87

圖5-88

圖5-88附圖

（2）右腳退一步，左腳也退一步，雙腿屈膝成左歇步；同時雙拳由左上向右下方採；面向西北方，目視右拳（圖5-88、圖5-88附圖）。

【要點】雙手向下採時，必須腰向右轉，同時右轉頭。

挒

上體左轉，兩腳腳尖內扣，右腳跟步與左腳併步；同時右手臂內旋橫擊，左拳變掌附於右前臂內側；面向東北方，目視右拳（圖5-89）。

【要點】轉腰、併步與橫擊一致。

肘

上體右轉，右腳向右橫一大步，左腳跟步至右腳內側，成丁步；同時右肘外旋屈臂，左手掌合於右拳面，向東南方頂肘；面向東南方，目視右肘尖（圖5-90）。

【要點】步法與頂肘協調一致。

圖5-89

圖5-90

靠

　　上體微左轉，左腳向左後斜方退一步，重心左移成左弓步；同時兩手分開，左肩向後靠，右手橫擊掌，掌心向下；目視右掌（圖5-91）。

　　【要點】退步和肩靠一致，目視右掌，意想左肩。

前　進

圖5-91

　　上體右轉，右腳外擺上步，腳跟落地，重心前移，左腳跟步至右腳內側後方，腳前掌著地成左丁步；同時右臂內旋屈肘橫於胸前，掌心向內，指尖向左，左掌指附於右腕內側；面向南方，目視前方

（圖5-92）。

【要點】步法與手法動作要一致。

後 退

上體左轉，左腳向後退一步，腳前
掌著地，重心後移，右腳跟步至左腳內
側，成右丁步；同時雙掌變雙拳，雙臂
向左後拉；目視北方（圖5-93）。

【要點】步法與手法動作要一致。

圖5-92

左 顧

左腳向左橫一步；以腰為軸，左右兩拳同時向左、向
上、向右、向下畫立圓繞環；上體左轉，向身體左側雙擊
拳，拳心向下；同時右腳收至左腳內側，仍成右丁步；面
向東方，目視左拳（圖5-94）。

【要點】轉腰繞環；步法與擊拳協調一致。

右 盼

上體右轉，右腳向右橫一步；雙拳變雙掌，同時向
右、向上、向左、向下畫立圓繞環，再向身體右側雙擊
掌，掌心向左；同時左腳收至右腳內側，雙腿屈膝下蹲，
成左丁步；面向西方，目視右掌（圖5-95）。

【要點】轉腰繞環；步法與擊掌協調一致。

中 定

身體直立，左腳向左輕輕邁開步，相距與肩同寬，腳

圖5-93　　　　　　　　圖5-94

圖5-95　　　　　　　　圖5-96

尖向前，重心移至兩腿之間；同時雙手在胸前抱球；面向
南方，目視前方（圖5-96）。

圖5-97　　　　　　圖5-98

【要點】抱球心靜，稍停，意想丹田，自然呼吸。

收　勢

　　雙手臂內旋，兩掌翻轉下落，從身體兩側慢慢上舉，再慢慢下落至兩腿外側；左腳收至右腳旁，兩腳併攏，腳尖向前；鬆肩垂臂，身體自然正直，呼吸平穩均勻，目視前方（圖5-97、圖5-98）。

　　【要點】隨著雙臂由上到下，進行深呼吸，向上吸氣，向下呼氣。

練習後行抱拳禮

　　併步站立，頭正身直，右手握拳，左手大拇指屈回，行抱拳禮，目視前方，然後還原自然站立，收勢結束（圖5-99、圖5-100）。

圖5-99

圖5-100

三、技擊方法

掤

圖5-101

　　當對方正面上左步用左沖拳打我胸部時，我用左手下採對方左手腕，同時右手插於對方腋下，上右腳扣其小腿或腳跟，用右臂外側分靠對方（圖5-101）。

　　【要點】掤要求兩臂撐圓，後手五指附在前手腕內，助力外撐。這是主動進攻的招式。

圖5-102

圖5-103

将

當對方正面上右步用右沖拳打我胸部時，我上體微右轉，右手採抓對方右腕部，左手掌控制對方肘或肩部，同時左腳後退一步，右腳跟步，向右橫擊（圖5-102）。

【要點】将是破掤的招法，兩掌以感覺探知對方虛實，一手接對方腕，一手附對方肘，順力将開對方臂，隨将進招。

擠

對方向後用力時，我順式借力，上步屈肘，兩手合勁前擠對方（圖5-103）。

【要點】将開對方掤手之後，隨以擠手進攻，搭手後以手和臂向對方空隙擠按，兩手合攏以增加力量。

圖5-104　　　　　　　　　圖5-105

按

當對方雙手向我進攻或者按住我的胸部時，我兩手接勁後坐，蓄勁下按（圖5-104）；同時身體略前傾，勁力由腳而腿、腰、背，最終傳到雙手，按時略走弧形讓對方足根浮起跌出（圖5-105）。

【要點】按是破擠的招法，下按對方擠來之臂，使對方擠不得力，擠力落空。

採

當對方上右步用右沖拳向我進攻時，我快速將對方腕、肘或肩控制住，同時我退步，雙手向下採，腰右轉（圖5-106、圖5-107）。

【要點】用手抓對方臂時，力在十指，才能抓實，由

| 圖5-106 | 圖5-107 |

上向下採拿。

挒

當對方上左步用左沖拳打我胸部時，我反應要快，配合步法和身法，右手臂內旋，橫擊對方肘部（圖5-108）。

【要點】挒是取對方全臂，一手抓對方腕，一手橫擊對方肘，向下捋帶。

肘

當對手向我前方進攻時，配合步法、身法，我雙手相合右肘尖頂對方胸部（圖5-109）。

【要點】肘是屈臂以肘尖橫擊對方。

圖5-108

圖5-109

圖5-110

靠

　　當對手向我背後進攻時，我用弓步和雙手開弓式，用肩靠擊對方（圖5-110）。

圖5-111　　　　　　　　圖5-112

【要點】靠是以肩靠對方胸，或以膀靠對方腰肋部。

前　進

當對手向我前方進攻時，我右臂內旋屈肘橫於胸前，用步與手的合力，擊打對方胸部（圖5-111）。

【要點】前是進招，如雲手招法。

後　退

當對方用沖左拳向我進攻時，我順對方勁抓住對方的手腕和肘向下採，同時向左轉腰和轉頭（圖5-112）。

【要點】退是轉動雙臂，以守待攻。

左　顧

當對方用右沖拳向我左側方進攻時，我雙拳向上接對

圖5-113　　　　　　　　　　圖5-114

方右手臂走弧形，用快速的步法和拳法擊打對方胸部（圖
5-113）。

【要點】顧是照顧三前：眼前、手前、腳前。

右　盼

當對方用左沖拳向我右側方進攻時，我雙掌向上接對
方左手臂走弧形，用快速的步法和掌法擊打對方腹部和襠
部（圖5-114）。

【要點】盼是注意對方七個部位：肩、肘、膝、胯、
頭、手、足。

中　定

中定式，主要用於防守上、下、左、右和進攻上、
下、左、右四個方向。防守的動作小，進攻的速度快。

【要點】身體要保持中正，以靜制動。我以中定尋對

方側面而橫擊之；我以中定尋對方空隙，而先發制對方。故不可冒進，而以中定待機而發。

四、注意事項

（1）八門五步十三種方法，可以單獨站樁練習，也可以全套功法個人或集體配音樂練習。

（2）八門五步十三種方法，也可以分成幾個小組合進行練習：

①掤、捋、擠、按；

②採、挒、肘、靠；

③掤、捋、擠、按、採、挒、肘、靠；

④進、退、顧、盼、中定。

都可以反覆連貫進行練習。

（3）八門五步十三種方法，快練技擊，慢練養生。

（4）為了加強武德教育，在練功開始前和結束時，上課和下課前，表演、比賽的上場前與下場時都必須行抱拳禮。

第六章
太極拳套路入門
——24式簡化太極拳

「簡化太極拳」是1956年國家體委運動司武術科整理編定的太極拳基礎套路，是為了適應廣大人民群眾健身的需要而編的。它取材於中國流傳最廣的傳統楊式大架太極拳，按照簡明易學、刪繁就簡、明確規範、突出重點的原則整編而成。「簡化太極拳」全套共有24個動作，故又稱「24式太極拳」。實踐證明，「簡化太極拳」的編定推廣，有力地促進了太極拳的普及開展。目前，這個套路已經在國內外廣泛流傳，不僅成為太極拳運動最普遍採用的入門內容，也成為太極拳基礎訓練、明確動作規範、強化技術要領的有效套路。

第一節　24式太極拳
動作名稱（口訣）

第一式　　起　　勢

1. 兩腳開立　　　2. 兩臂前舉　　　3. 屈膝按掌

第二式　　左右野馬分鬃

1. 抱球收腳　　　2. 轉體上步　　　3. 弓步分手
4. 重心後移　　　5. 抱球跟腳　　　6. 轉體上步
7. 弓步分手　　　8. 重心後移　　　9. 抱球跟腳
10. 轉體上步　　11. 弓步分手

第三式　　白鶴亮翅

1. 轉身抱球　　　2. 跟步後坐　　　3. 虛步分手

第四式　　左右摟膝拗步

1. 轉體落手　　　2. 轉體收腳　　　3. 上步屈肘
4. 弓步摟推　　　5. 重心後移　　　6. 轉體跟腳
7. 上步屈肘　　　8. 弓步摟推　　　9. 重心後移
10. 轉體跟腳　　11. 上步屈肘　　12. 弓步摟推

第五式　　手揮琵琶

1. 跟步收手　　　2. 後坐挑掌　　　3. 虛步合臂

第六式 左右倒捲肱

1. 轉身撤手	2. 提膝屈肘	3. 退步推掌
4. 轉體撤手	5. 提膝屈肘	6. 退步推掌
7. 轉體撤手	8. 提膝屈肘	9. 退步推掌
10. 轉體撤手	11. 提膝屈肘	12. 退步推掌

第七式 左攬雀尾

1. 轉體撤手	2. 轉體抱球	3. 上步分手
4. 弓腿掤臂	5. 轉體伸臂	6. 轉體後捋
7. 轉體搭手	8. 弓步前擠	9. 後坐收掌
10. 弓步按掌		

第八式 右攬雀尾

1. 轉體扣腳	2. 抱球收腳	3. 上步分手
4. 弓腿掤臂	5. 轉體伸臂	6. 轉體後捋
7. 轉體搭手	8. 弓步前擠	9. 後坐收掌
10. 弓步按掌		

第九式 單 鞭

1. 轉體扣腳	2. 勾手收腳	3. 轉體邁步
4. 弓步推掌		

第十式 雲 手

1. 轉體雲手	2. 雲手收步	3. 雲手出步
4. 雲手收步	5. 雲手出步	6. 雲手收步

第十一式　單　鞭

1. 轉體勾手　　2. 轉體邁步　　3. 弓步推掌

第十二式　高探馬

1. 跟步翻掌　　2. 虛步推掌

第十三式　右蹬腳

1. 穿掌提腳　　2. 進步合抱　　3. 提膝分手
4. 蹬腳撐臂

第十四式　雙峰貫耳

1. 收腿落手　　2. 邁步握拳　　3. 弓步貫拳

第十五式　轉身左蹬腳

1. 轉體扣腳　　2. 收腳合抱　　3. 提膝分手
4. 蹬腳撐臂

第十六式　左下勢獨立

1. 收腿勾手　　2. 仆步穿掌　　3. 弓步起身
4. 提膝挑掌

第十七式　右下勢獨立

1. 落腳勾手　　2. 仆步穿掌　　3. 弓步起身
4. 提膝挑掌

第十八式　左右穿梭

1.落腳轉體　　2.抱球收腳　　3.上步分手

4.弓步推掌　　5.重心後移　　6.抱球收腳

7.上步分手　　8.弓步推掌

第十九式　海底針

1.跟步提手　　2.虛步插掌

第二十式　閃通背

1.提手收腳　　2.上步分手　　3.弓步推撐

第二十一式　轉身搬攔捶

1.轉體扣腳　　2.轉身握拳　　3.撇腳搬拳

4.轉體旋臂　　5.進步攔掌　　6.弓步打拳

第二十二式　如封似閉

1.穿掌交叉　　2.後坐收掌　　3.弓步按掌

第二十三式　十字手

1.轉體扣腳　　2.撤腳分手　　3.坐腿扣腳

4.收腳合抱

第二十四式　收　勢

1.分手前撐　　2.兩臂下落　　3.收腳還原

圖6-1

圖6-2

圖6-3

第二節　24式太極拳動作圖解

練習前行抱拳禮

併步站立，頭正身直，右手握拳，左手大拇指屈回，其餘四指併攏掩掌於右拳上，行抱拳禮，目視前方；然後，雙臂還原自然站立（圖6-1─圖6-3）。

圖6-4

圖6-5

圖6-6

第一式　起　勢

1. 兩腳開立

身體自然直立，左腳向左邁出一步，兩腳開立與肩同寬，腳尖向前；兩臂自然下垂，兩手放在大腿外側；眼平視前方（圖6-4）。

2. 兩臂前舉

兩臂慢慢向前平舉，手與肩平，手指微屈，手心向下，臂同肩寬，肘微下垂，肘尖下沉（圖6-5、圖6-6）。

3. 屈膝按掌

上體保持正直，兩腿緩慢屈膝下蹲；兩臂隨之下落，兩掌輕輕下按至腰部，掌心向下，鬆肩墜肘，肘膝相對；眼平視前方（圖6-7）。

【要點】

（1）形正意沉，靜氣斂神；

（2）沉肩墜肘，手指自然彎曲；

圖6-7

（3）身體下蹲切勿撅臀，重心落在兩腿中間；

（4）體落下蹲，協調一致。

第二式　左右野馬分鬃

左野馬分鬃

1. 抱球收腳

上體微向右轉，重心移至右腿上；同時右臂屈抱於右胸前，手心向下，左手經體前向右下畫弧，左臂屈抱於右腹前，手心向上，兩手心相對成抱球狀；左腳隨即收至右腳內側，腳尖點地；眼看右手（圖6-8、圖6-9）。

2. 轉體上步

上體微向左轉，左腳向左前方邁出一步，腳跟輕輕著

圖6-8　　　　　　　　　　圖6-9

圖6-10　　　　　　　　　　圖6-11

地；隨轉體左手向左上挑，右手向右下按；視線隨左手移
動（圖6-10、圖6-11）。

圖6-12　　　　　　　　　圖6-13

3. 弓步分手

　　上體繼續左轉，重心前移，左腳掌踏實，左腿屈膝前弓，右腳跟後蹬成左弓步；同時兩手繼續分別向左上、右下分開，左手高與眼平，手心斜向上，肘部稍屈，右手按至右胯旁，手心向下，肘部微屈，指尖向前；眼看左手（圖6-12）。

4. 重心後移

　　上體慢慢後坐，重心移至右腿，左腳尖翹起，微向外撇；上體稍向左轉，兩手準備合抱；眼看左手（圖6-13）。

圖6-14　　　　　　　　圖6-15

5. 抱球跟腳

上體繼續向左轉；左手翻轉，手
心向下，屈抱於胸前，右手翻掌，向
左上畫弧至左手下，手心向上，兩手
心相對，成抱球狀；同時左腳掌踏
實，屈膝弓腿，重心移至左腿，右腳
跟進至左腳內側，腳尖點地；眼看左
手（圖6-14、圖6-15）。

6. 轉體上步

圖6-16

上體微向右轉，同時右腳向右前
方邁出一步，腳跟輕輕著地；隨轉體兩手開始分別向右
上、左下分開；視線隨右手移動（圖6-16）。

圖6-17

圖6-18

7. 弓步分手

上體繼續右轉，重心前移，右腳掌踏實，右腿屈膝前弓，左腿自然蹬直，成右弓步；同時兩手繼續向右上、左下分開，右手高與眼平，手心斜向上，肘部稍屈，左手按至左胯旁，手心向下，肘部稍屈，指尖向前；眼看右手（圖6-17）。

 左野馬分鬃

8. 重心後移

上體慢慢後坐，重心移至左腿，右腳尖翹起，微向外撇；上體稍向右轉，兩手準備合抱；眼看右手（圖6-18）。

圖6-19

圖6-20

9. 抱球跟腳

上體繼續向右轉，右手翻轉，屈抱於右胸前，掌心向下，左手翻掌，向右下畫弧至右手下，手心向上，兩手心相對成抱球狀；右腳掌踏實，屈膝弓腿，重心移至右腿，左腳跟進至右腳內側，腳尖點地；眼看右手（圖6-19、圖6-20）。

圖6-21

10. 轉體上步

上體微向左轉，同時左腳向左前方邁出一步，腳跟輕輕著地；隨轉體兩手開始分別向左上、右下分開；視線隨左手移動（圖6-21）。

圖6-22

11. 弓步分手

上體繼續左轉，重心前移，左腳掌踏實，左腿屈膝前弓，右腿自然蹬直，成左弓步；同時兩手繼續向左上、右下分開，左手高與眼平，手心斜向上，肘部稍屈，右手按至右胯旁，手心向下，肘部稍屈，指尖向前；眼看左手（圖6-22）。

【要點】

（1）上體不可前俯後仰，胸部必須寬鬆舒展；

（2）手臂運動的弧線軌跡，無論是上下畫弧還是向兩側畫弧，要注意保持整個畫弧動作的平穩性和圓滑性；

（3）身體轉動時要以腰為軸；

（4）弓步動作與分手動作的完成速度要一致；

（5）做弓步時，邁出的腳先是腳跟落地、然後腳掌慢慢踏實，腳尖朝前，膝蓋不要超過腳尖；後腿自然伸

圖6-23

圖6-24

直，腳尖略向外斜，前後腳夾角約為45°～60°；前後腳腳跟之間的橫向距離應該保持在30公分左右。

第三式　白鶴亮翅

1. 轉身抱球

上體微向左轉；兩手翻掌畫弧，左手在上，右手在下，手心相對，在胸前左側成抱球狀；眼看左手（圖6-23）。

2. 跟步後坐

右腳跟進半步，前腳掌著地，隨之右腳掌踏實，上體後坐，重心移至右腿；上體右轉，兩手隨轉體開始右上、左下分開；眼看右手（圖6-24）。

圖6-25　　　　　　　　圖6-26

3. 虛步分手

左腳稍向前移，腳尖著地，膝部彎曲，成左虛步；上體微左轉，面向前方；右手上提於右額前，手心向左後方，左手按至左胯旁，手心向下，指尖向前；眼看前方（圖6-25）。

【要點】

（1）完成姿勢時胸部不要挺出，兩臂右上撩、左下按都要保持半圓形；

（2）左膝要微屈，身體重心後移和提手、按掌要協調一致。

圖6-27

圖6-28

第四式　左右摟膝拗步

1. 轉體落手

上體微左轉，右手畫弧從體前下落，掌心朝上，同時左手翻掌向左上畫弧；眼看前方（圖6-26）。

2. 轉體收腳

上體右轉，右手由下向右後上方畫弧，手與耳同高，手心斜向上，左手由左上向右下畫弧至右肩前，手心斜向下；左腳收至右腳內側，腳尖輕微著地；眼看右手（圖6-27、圖6-28）。

圖6-29

圖6-30

3. 上步屈肘

上體稍左轉，左腳向左前方邁出一步，腳跟輕輕著地；右臂屈肘，右手收至肩上、頭側，虎口與耳相對，掌心斜向前，左手下畫至腹前；視線隨右手移動（圖6-29）。

4. 弓步摟推

上體繼續左轉，面向前方，重心前移，左腳掌踏實，成左弓步；右手從耳側向前推出，高與鼻尖平，左手經左膝前摟過（不要觸及膝面），按於右胯旁，指尖向前，眼看右手食指（圖6-30）。

圖6-31

圖6-32

右摟膝拗步

5. 重心後移

右腿屈膝，上體慢慢後坐，重心移至右腿，左腳尖翹起，略向外撇；上體微左轉，兩手翻掌，開始畫弧；眼看右手（圖6-31）。

6. 轉體跟腳

上體繼續左轉；左手由下向左後上方畫弧上舉，手與耳同高，手心斜向上，右手由右上向左下畫弧至左肩前，手心斜向下；同時重心前移，右腳跟進至左腳內側，腳尖著地；眼看左手（圖6-32）。

圖6-33　　　　　　　　圖6-34

7. 上步屈肘

上體稍右轉，右腳向右前方邁出一步，腳跟輕輕著地；左臂屈肘，左手收至肩上、頭側，虎口與耳相對，掌心斜向前，右手下畫至腹前；視線隨左手移動（圖6-33）。

8. 弓步摟推

上體繼續右轉，面向前方，重心前移，右腳掌踏實，成右弓步；左手從耳側向前推出，高與鼻尖平，右手經右膝前摟過（不要觸及膝面），按於右胯旁，指尖向前；眼看左手食指（圖6-34）。

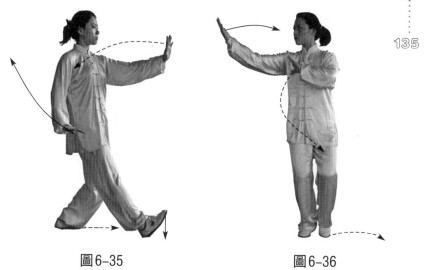

圖6-35　　　　　　　　　圖6-36

左摟膝拗步

9. 重心後移

左腿屈膝，上體慢慢後坐，重心移至左腿，右腳尖翹起，略向外撇；上體微右轉，兩手翻掌，開始畫弧；眼看左手（圖6-35）。

10. 轉體跟腳

上體繼續右轉，右手由下向右後上方畫弧上舉，手與耳同高，手心斜向上，左手由左上向右下畫弧至右肩前，手心斜向下；同時重心前移，左腳跟進至右腳內側，腳尖著地；眼看右手（圖6-36）。

圖6-37   圖6-38

11. 上步屈肘

上體稍左轉，左腳向左前方邁出，腳跟輕輕著地；右臂屈肘，右手收至肩、頭側，虎口與耳相對，掌心斜向前，左手下畫至腹前；視線隨右手移動（圖6-37）。

12. 弓步摟推

上體繼續左轉，面向前方，重心前移，左腳掌踏實，成左弓步；右手從耳側向前推出，高與鼻尖平，左手經左膝前摟過（不要觸及膝面），按於左胯旁，指尖向前；眼看右手食指（圖6-38）。

【要點】

（1）前手推出時，身體不可前俯後仰，要鬆腰鬆胯；

（2）推掌時要沉肩、墜肘、坐腕、展掌、舒指，同時

圖6-39

圖6-40

須與鬆腰弓腿配合,上下協調一致;

（3）弓步時兩腳腳跟的橫向距離保持約30公分。

第五式　手揮琵琶

1. 跟步收手

右腳向前跟進半步,前腳掌著地;左手由下向左向前開始挑起,右臂屈肘開始回收;眼看右手（圖6-39）。

2. 後坐挑掌

右腳全腳掌踏實,重心移至右腿,上體略右轉;左手挑至體前,高與鼻平,右手收到胸前;眼看前方（圖6-40）。

圖6-41 　　　　　　　　圖6-42

3. 虛步合臂

　　左腳略向前移，腳跟著地，腳尖翹起，成左虛步；兩臂向裏相合，左手心向右，肘微屈，右手合在左前臂裏側，手心向左，肘部微屈；眼看左手食指（圖6-41）。

【要點】

　　（1）做此動作時，一定要注意手的獨特性，它們總是在胸前運動；

　　（2）身體要自然平穩，沉肩垂肘，胸部放鬆；左上挑起時不要直線向上挑，要由左向前向上，微弧形；

　　（3）右腿跟進時，前腳掌先著地，然後再全腳踏實；

　　（4）身體重心後移，要和左手上挑、右手回收一致。

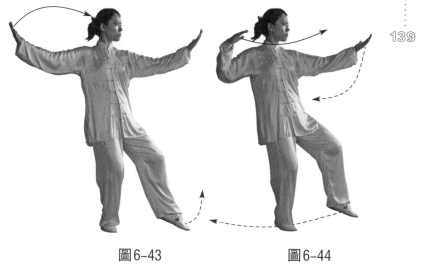

圖6-43　　　　　　　　　　圖6-44

第六式　左右倒捲肱

右倒捲肱

1. 轉身撤手

雙腿不動，上體右轉；右手翻掌向上，隨轉體由下向後上畫弧平舉，臂微屈，隨之左手翻掌向上；眼隨轉體先向右看，再轉向前看左手（圖6-42、圖6-43）。

2. 提膝屈肘

左腿屈膝輕輕提起，腳尖自然下垂，準備向後退步；右臂屈肘回收，手心斜向前下方；眼看前方（圖6-44）。

圖6-45

圖6-46

3. 退步推掌

左腳向後退一步，稍偏左落下，前腳掌先落地，隨即全腳掌踏實，重心移至左腿，右腳以前腳掌為軸扭正，膝部微屈，成右虛步；同時，右手經耳側向前推出，肘部微屈，先手指向前，再手心向前，左手回收至左肋外側；眼看右手（圖6-45）。

4. 轉體撤手

上體左轉；左手由下向左後上方畫弧平舉，手心仍向上，隨即右手翻掌，手心向上；眼隨轉體先向左看，再轉向前看右手（圖6-46）。

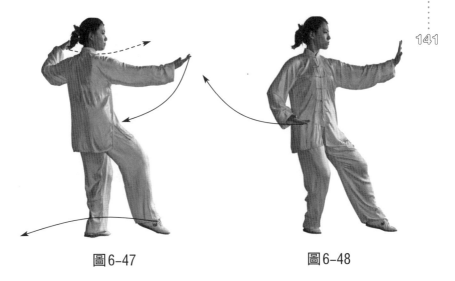

圖6-47　　　　　　　圖6-48

5. 提膝屈肘

　　右腿屈膝輕輕提起，腳尖自然下垂，準備向後退步；左臂屈肘回收，手心斜向前下方；眼看前方（圖6-47）。

6. 退步推掌

　　右腳向右斜後方退步落下，前腳掌先落地，隨即全腳掌踏實，重心移至右腿，左腳以前腳掌為軸扭正，膝部微屈，成左虛步；同時，左手經耳側向前推出，肘部微屈，先手指向前，再手心向前，右手回收至右肋外側；眼看左手（圖6-48）。

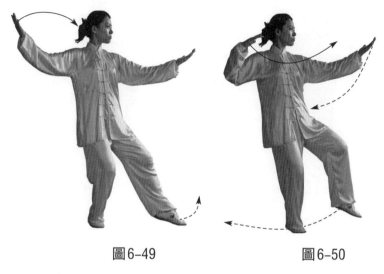

圖6-49　　　　　　　　圖6-50

右倒捲肱

7. 轉體撤手

上體右轉；右手由下向右後上方畫弧平舉，手心仍向上，隨即左手翻掌，手心向上；眼隨轉體先向右看，再轉向前看左手（圖6-49）。

8. 提膝屈肘

左腿屈膝輕輕提起，腳尖自然下垂，準備向後退步；右臂屈肘回收，手心斜向前下方；眼看前方（圖6-50）。

9. 退步推掌

左腳向左斜後方退步落下，前腳掌先落地，隨即全腳

圖6-51　　　　　　　圖6-52

掌踏實，重心移至左腿，右腳以前腳掌為軸扭正，膝部微
屈，成右虛步；同時，右手經耳側向前推出，肘部微屈，
先手指向前，再手心向前，左手回收至左肋外側；眼看右
手（圖6-51）。

左倒捲肱

10. 轉體撤手

上體左轉，左手由下向左後上方畫弧平舉，手心仍向
上；隨即右手翻掌，手心向上；眼隨轉體先向左看，再轉
向前看右手（圖6-52）。

11. 提膝屈肘

右腿屈膝輕輕提起，腳尖自然下垂，準備向後退步；

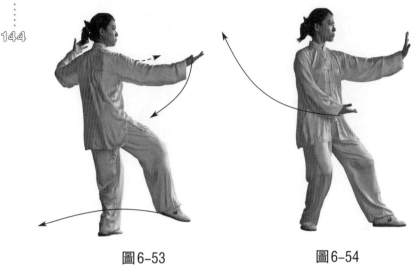

圖6-53   圖6-54

左臂屈肘回收，手心斜向前下方；眼看前方（圖6-53）。

12. 退步推掌

右腳向右斜後方退步落下，前腳掌先落地，隨即全腳掌踏實，重心移至右腿，左腳以前腳掌為軸扭正，膝部微屈，成左虛步；同時，左手經耳側向前推出，肘部微屈，先手指向前，再手心向前，右手回收至右肋外側；眼看左手（圖6-54）。

【要點】

（1）保持身體正直、頭頸協調轉動，鼻尖與肚臍保持在一條垂直線上；

（2）前推手臂不要伸直，後撤手不要直線後抽，兩手臂隨轉體走弧線；

（3）手臂前推時要鬆腰鬆胯，兩手臂的移動速度與

圖6-55

提膝退步的速度要一致；

（4）退步時，要前腳掌先落地，然後再慢慢全腳掌踏實，同時前腳要以前腳掌為軸，腳跟向外扭轉使腳趾正對前方；

（5）退左腳略向左後斜，退右腳略向右後斜，避免直線後退。後退時，眼神隨轉體動作先向左右看，然後再轉看前手。最後退右腳時，腳尖外撇的角度約在50°～60°，便於接做「左攬雀尾」動作。

第七式　左攬雀尾

1. 轉體撇手

上體微右轉，右手向右後上方畫弧平舉，手心向上；左手翻掌，手心向上；眼看前方（圖6-55）。

圖6-56　　　　　　　　　　圖6-57

2. 轉體抱球

上體繼續右轉，左手畫弧下落至右肋前，手心向上，右臂平屈於胸前，手心向下，兩手成抱球狀；同時，左腳收至右腳內側，腳尖點地；眼看右手（圖6-56）。

3. 上步分手

上體微左轉，左腳向左前方邁一步，腳跟輕輕著地；兩手開始向左上、右下分開，視線隨左手移動（圖6-57）。

4. 弓腿臂

左腳掌踏實，左腿屈膝前弓，成左弓步；上體繼續左轉，面向前方；隨轉體左臂向體前掤出，手略低於肩，手心向右肩；右手落按於右胯旁，手心向下；眼看左手（圖

圖6-58　　　　　　　　圖6-59

6-58）。

【要點】

（1）掤出左臂時，引導手臂向前的力主要分佈在前臂和手掌的外側。在此過程中，前後兩臂均應保持弧形；

（2）掤臂、按掌、鬆腰弓腿三者必須協調一致；

（3）弓步時兩腳跟的橫向距離不超過10公分。

5. 轉體伸臂

身體微左轉；左手隨之前伸翻掌，手心向下，右手翻掌，手心向上，經腹前向上、向前伸至左腕下方；眼看左手（圖6-59）。

6. 轉體後捋

右腿屈膝，重心移至右腿，上體右轉；兩手向下經腹

圖6–60   圖6–61

前向右後上方畫弧後将，右手手心斜向上，高與肩平，左手手心向後，平屈於胸前；眼看右手（圖6–60）。

【要點】

（1）向下、向後将時，上體不可前傾，臀部不要凸出；

（2）兩臂下将隨腰旋轉，仍走弧線，左腳要全腳掌著地。

7. 轉體搭手

上體左轉，面向前方；右臂屈肘收回，右手向前搭近於左腕裏側（兩手間距離約5公分），手心向前；眼看前方（圖6–61）。

圖6-62

圖6-63

8. 弓步前擠

重心前移，左腿屈膝前弓，成左弓步；右手推送左前臂向前擠出，左手心向後，右手心向前，兩臂保持半圓形；眼看左手（圖6-62）。

【要點】

（1）向前擠時上體要正直；

（2）擠的動作要與鬆腰、弓腿相一致。

9. 後坐收掌

右手經左腕上伸出，兩手向左右分開，與肩同寬，手心向下；然後上體慢慢後坐，重心移至右腿，左腳尖翹起；兩臂屈肘，兩手收至腹前，手心向前下方；眼平視前方（圖6-63—圖6-65）。

圖6-64

圖6-65

10. 弓步按掌

左腿屈膝前弓，重心再次移至左腿，成左弓步；兩手向前、向上按出，手腕高與肩平，手心向前；眼平視前方（圖6-66）。

【要點】

（1）向前按時，兩手須走曲線；

（2）按掌到頂點時，須沉肩、墜肘、展掌、舒指。

第八式　右攬雀尾

1. 轉體扣腳

右腿屈膝，重心移至右腿，上體後坐右轉，左腳尖離地裏扣；右手向右平行畫弧至身體右側，手心向前；眼看

圖6-66

圖6-67   圖6-68

右手（圖6-67、圖6-68）。

圖6-69

圖6-70

2. 抱球收腳

右手由右向下經腹前向左畫弧至左腹前，左臂平屈於胸前，手心向下，兩手成抱球狀；同時重心移至左腿，右腳收至左腳內側，腳尖點地；眼看左手（圖6-69、圖6-70）。

3. 上步分手

上體微向右轉，右腳向右前方邁出一步，腳跟輕輕著

圖6-71

地；兩手開始向右上、左下分開，視線隨右手移動（圖6-71）。

圖6-72　　　　　　　　圖6-73

4. 弓腿掤臂

　　右腳掌踏實，右腿屈膝前弓，成右弓步；上體繼續右轉，面向前方；隨轉體右臂向體前掤出，手略低於肩，手心向左肩，左手落按於左胯旁，手心向下；眼看右手（圖6-72）。

5. 轉體伸臂

　　身體微右轉；右手隨之前伸翻掌，手心向下，左手翻掌，手心向上，經腹前向上、向前伸至右腕下方；眼看右手（圖6-73）。

6. 轉體後捋

　　左腿屈膝，重心移至左腿，上體左轉；兩手向下經腹前向左後上方畫弧後捋，左手手心斜向上，高與肩平，右

圖6-74　　　　　　　　　　　圖6-75

手手心向後，平屈於胸前；眼看左手（圖6-74）。

7. 轉體搭手

　　上體右轉，面向前方；左臂屈肘收回，左手向前搭近於右腕裏側（相距約5公分），手心向前；眼看前方（圖6-75）。

8. 弓步前擠

　　重心前移，右腿屈膝前弓；左手推送右前臂向前擠出，右手心向後，左手心向前，兩臂保持半圓形；眼看右手（圖6-76）。

9. 後坐收掌

　　左手經右腕上伸出，兩手向左右分開，與肩同寬，手

圖6-76　　　　　　　　　　圖6-77

圖6-78　　　　　　　　　　圖6-79

心向下；然後上體慢慢後坐，重心移至左腿，右腳尖翹起；兩臂屈肘，兩手收至腹前，手心向前下方；眼平視前方（圖6-77—圖6-79）。

10. 弓步按掌

右腿屈膝前弓，重心再次移至右腿，成右弓步；兩手向前、向上按出，手腕高與肩平，掌心向前；眼平視前方（圖6-80）。

【要點】

右攬雀尾與左攬雀尾動作相同，唯左右相反，要點也相同。

圖6-80

第九式　單　鞭

1. 轉體扣腳

上體後坐，向左轉體，重心漸移至左腿，右腳尖儘量裏扣，然後全腳掌著地；兩手左高右低隨上體向左運轉，左臂平舉於身體左側，手心向左，右手經腹前運至左肋前，手心向後上方；視線隨左手移動（圖6-81、圖6-82）。

2. 勾手收腳

上體右轉，重心漸移至右腿，左腳收至右腳內側，腳尖點地；同時，右手向右上方畫弧，至右側方時變勾手（大拇指和食指、中指、無名指輕輕攏在一起），腕高與肩平，肘部微屈，勾尖向下；左手向下經腹前向右上畫

圖6-81　　　　　　　　圖6-82

圖6-83　　　　　　　　圖6-84

弧，停於右肩前，手心向內；眼看左手（圖6-83、圖6-84）。

| 圖6-85 | 圖6-86 |

3. 轉體邁步

上體微左轉，左腳向左前側方邁出，腳跟著地；左手隨轉體經面前向左畫弧；視線隨左手移動（圖6-85）。

4. 弓步推掌

上體繼續左轉，重心前移，左腳掌踏實，屈膝前弓，成左弓步；右手不動，左掌隨轉體慢慢翻轉向前推出，手心向前，手腕與肩齊，臂微屈；眼看左手（圖6-86）。

【要點】

（1）上體保持正直，鬆腰；

（2）完成「弓步推掌」時，右臂肘部稍下垂，左肘與左膝、左腳尖上下相對，兩肩下沉；

（3）左手向外翻掌前推時，要隨轉體邊翻掌邊推

圖6-87

圖6-88

出，不要翻掌太快或最後突
然翻掌；

　　（4）如面向南起勢，
完成單鞭動作時左腳尖應指
向東稍偏北（大約15°）。

圖6-89

第十式　雲　手

1. 轉體雲手

　　重心移至右腿，上體漸
向右轉，左腳尖裏扣；左手
經腹前畫弧至右肩前，手心
斜向後，右勾手鬆開變掌，手心向外；眼看左手（圖6-
87─圖6-89）。

圖6-90   圖6-91

2. 雲手收步

上體漸向左轉，重心漸移至左腿；左手隨轉體經面前向左運轉，至身體左側時手心翻轉向外，右手向下經腹前向左上畫弧至左肩前，手心斜向後；同時慢慢收右腳向左腳靠攏，腳前掌先著地，隨之全腳踏實，相距10～20公分，兩腳尖向前，兩腿屈膝半蹲；眼看左手（圖6-90、圖6-91）。

3. 雲手出步

上體漸向右轉；右手隨轉體經面前向右運轉，至身體右側時手心翻轉向外，左手向下經腹前向右上畫弧至右肩前，手心斜向後；同時重心逐漸移至右腿，左腳向左橫跨一步，兩腳間距離約與肩同寬，腳尖向前；眼看左手（圖6-92—圖6-94）。

圖6-92

圖6-93

圖6-94

圖6-95 圖6-96

4. 雲手收步

上體漸向左轉，重心漸移至左腿；左手隨轉體經面前向左運轉，至身體左側時手心翻轉向外，右手向下經腹前向左上畫弧至左肩前，手心斜向後；同時，右腳向左腳靠攏，相距10～20公分，兩腳腳尖向前，兩腿屈膝半蹲；眼看右手（圖6-95、圖6-96）。

5. 雲手出步

上體漸向右轉；右手隨轉體經面前向右運轉，至身體右側時手心翻轉向外；左手向下經腹前向右上畫弧至右肩前，手心斜向後；同時重心逐漸移至右腿，左腳向左橫跨一步，兩腳間距約與肩同寬，腳尖向前；眼看左手（圖6-97—圖6-99）。

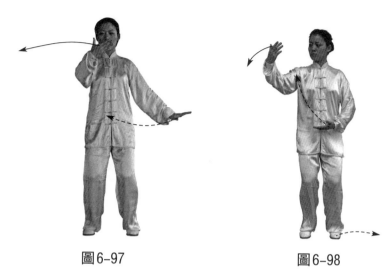

圖6-97　　　　　　　　　圖6-98

圖6-99

6. 雲手收步

上體漸向左轉，重心漸移至左腿；左手隨轉體經面前

圖6–100   圖6–101

向左運轉，至身體左側時手心翻轉向外，右手向下經腹前向左上畫弧至左肩前，手心斜向後；同時右腳向左腳靠攏，相距10～20公分，兩腳腳尖向前，兩腿屈膝半蹲；眼看右手（圖6–100、圖6–101）。

【要點】

（1）身體轉動要以腰為軸，鬆腰、鬆胯，要平穩，不可忽高忽低；

（2）兩臂隨腰的轉動而運轉，要自然圓活，速度要緩慢均勻；

（3）下肢橫向移動時，身體重心移動要穩定，出步、收步均要腳掌先著地再踏實，腳尖始終向前；

（4）眼的視線，要隨經面前畫過的左右手而移動；

（5）第三個「雲手」，右腳收步移近左腳時，保持相距10～20公分的距離（如圖6–101），右腳尖微向裏

圖6-102

圖6-103

扣，便於接「單鞭」動作。

第十一式　單　鞭

1. 轉體勾手

　　上體右轉；右手隨轉體向右
運轉，至右側方時變勾手（大拇
指和食指、中指及無名指輕輕攏
在一起），左手經腹前向右上畫
弧至右肩前，手心向內；兩腿保
持原來的姿勢，只是左腳尖著
地，重心落在右腿上；眼看左手
（圖6-102—圖6-104）。

圖6-104

圖6-105　　　　圖6-106

2. 轉體邁步

上體微向左轉，左腳向左前側方邁出，腳跟著地；左手隨轉體開始經面前向左畫弧；視線隨左手移動（圖6-105）。

3. 弓步推掌

上體繼續左轉，重心前移，左腳掌踏實，屈膝前弓，成左弓步；右手不動，左掌隨轉體慢慢翻轉向前推出，手心向前，手腕與肩齊平，臂微屈；眼看左手（圖6-106）。

【要點】

與第九勢「單鞭」相同。

圖6-107　　　　　　圖6-108

第十二式　高探馬

1. 跟步翻掌

　　右腳向前跟進半步，前腳掌先落地，然後全腳掌踏實；上體微向右轉，重心移至右腿上，左腳腳跟漸漸離地；右勾手變掌，兩手心翻轉向上，兩肘微屈；眼看左前方（圖6-107）。

2. 虛步推掌

　　上體微向左轉，面向前方，左腳略向前移，腳尖點地，膝部微屈，成左虛步；右臂屈肘，右掌經耳旁向前推出，手心向前，手指高與眼平，左臂屈肘，左手收至左腰前，手心向上；眼看右手（圖6-108）。

圖6-109 圖6-110

【要點】

（1）上體自然正直，雙肩下沉；

（2）跟步轉換重心時，身體不要有起伏。

第十三式　右蹬腳

1. 穿掌提腳

上體微右轉；左手手心向上，從右腕背面穿出，成雙手交叉；左腳輕輕提起；眼看雙手中間（圖6-109）。

2. 進步合抱

上體微向左轉，左腳向左前側方邁出（腳尖略外撇），重心前移，左腿屈膝前弓，成左弓步；兩手分開從兩側向下、向內再向上畫弧，合抱於胸前，右手在外，左

圖6-111

圖6-112

手在內，手心均向後；同時，右腳跟進至左腳內側，腳尖點地；眼平視右前方（圖6-110─圖6-112）。

3. 提膝分手

身體重心穩定地移至左腿，右腿提膝，腳尖自然下垂；左手向左後，右手向右前開始分開；眼看右手（圖6-113）。

圖6-113

圖6-114   圖6-115

4. 蹬腳撐臂

右腳向右前方慢慢蹬出，腳尖回勾，力在腳跟；兩臂向右前、左後畫弧翻掌撐開平舉，肘部微屈；右臂與右腿上下相對，支撐腿微屈、立穩；眼看右手（圖6-114）。

【要點】

（1）身體要穩定，不可前俯後仰；

（2）兩手分開時，腕部與肩平；蹬腳時，左膝微屈、立穩，右腳蹬出，腳尖回勾；

（3）分手與蹬腳須協調一致，右臂與右腿要上下相對。

（4）如面向南起勢，蹬腳方向應為正東偏南（約偏20°）。

圖6–116　　　　　　　　　　　圖6–117

第十四式　雙峰貫耳

1. 收腿落手

　　右腿小腿收回，右膝平屈，腳尖自然下垂；左手由後向上、向前下落，然後兩手同時向下畫弧分落於右膝兩側，手心均向上；眼看前方（圖6–115、圖6–116）

2. 邁步握拳

　　右腳向右前方落下，腳跟先著地，腳尖斜向右前約30°；兩手收至兩腰側，手心向上；眼看前方（圖6–117）。

3. 弓步貫拳

重心前移，右腳踏實，右腿屈膝前弓，成右弓步；兩手握拳分別從兩側向上、向前畫弧至頭前，高與耳齊，兩拳相距10～20公分，拳眼斜向內下；眼看右拳（圖6-118）。

【要點】

完成此勢時，頭頸正直，鬆腰、鬆胯，兩拳鬆握，鬆肩垂肘，兩臂均保持弧形。

圖6-118

第十五式　轉身左蹬腳

1. 轉體扣腳

左腿屈膝後坐，重心漸移至左腿，上體左轉，右腳尖裏扣；同時兩拳變掌，由上向左右畫弧分開平舉，手心向前；眼看右手（圖6-119、圖6-120）。

2. 收腳合抱

重心移至右腿，左腳收至右腳內側，腳尖點地；兩手由外向下、向裏、向上畫弧合抱於胸前，左手在外、右手在內，手心均向後；眼看前方（圖6-121、圖6-122）。

圖6-119

圖6-120

圖6-121

圖6-122

圖6-123　　　　　　圖6-124

3. 提膝分手

重心全落於右腿，右腿微屈膝，立穩，左腿提膝，腳尖自然下垂；右手向右後、左手向左前開始分開；眼看左手（圖6-123）。

4. 蹬腳撐臂

左腳向左前方慢慢蹬出，腳尖回勾，力在腳跟；兩臂向左前、右後畫弧翻掌撐開平舉，肘部微屈；左臂與左腿上下相對，支撐腿微屈，立穩；眼看左手（圖6-124）。

【要點】

（1）與第十三式「右蹬腳」要點相同，只是左右相反。

（2）若起勢面向南，則左蹬腳的方向是正西偏南約30°。

圖6-125　　　　　　　　　圖6-126

第十六式　左下勢獨立

1. 收腿勾手

　　左腿屈膝，左腳收回（腳不落地），腳尖自然下垂；右掌變勾手，左掌向上、向右畫弧下落，立於右肩前，手心向右後；眼看右勾手（圖6-125、圖6-126）。

2. 仆步穿掌

　　右腿慢慢屈膝全蹲，左腿由內向左側（偏後）伸出，成左仆步，膝部伸直，腳尖裏扣，全腳掌著地，上體左轉；左手下落經左腿內側向前穿出，手心向外；眼看左手（圖6-127、圖6-128）。

圖6-127

圖6-128

3. 弓步起身

以左腳跟為軸，腳尖向外扭直稍外撇，右腿後蹬，左腿前弓，重心移至左腿，右腳尖裏扣，上體微向左轉並向前起身；左臂繼續向前伸至胸前，掌指向上，掌心向右，

右勾手在身後，勾尖隨臂內旋擰轉向上；眼看左手（圖6–129）。

4. 提膝挑掌

右腿慢慢屈膝提起，腳尖自然下垂，左腿微屈膝獨立支撐成右獨立勢；右勾手變掌，由後下方順右腿外側向前挑起，屈臂立於右腿

圖6–129

上方，肘膝相對，手指向上，手心向左；左手按在左胯旁，手心向下，指尖向前；眼看右手（圖6–130、圖6–131）。

圖6–130

圖6–131

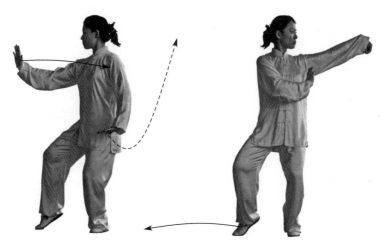

圖6-132　　　　　　　　　　圖6-133

【要點】

（1）右腿全蹲時，上體不可過於前傾；

（2）仆步穿掌左腿要伸直，左腳尖須裏扣，腳掌全部著地；

（3）左腳尖與右腳跟在一條直線上（如圖6-128）；

（4）提膝挑掌成獨立勢時，上體要正直，左腿微屈，右腿提起時腳尖要自然下垂。

第十七式　右下勢獨立

1. 落腳勾手

右腳下落於左腳前，腳掌著地，然後以左腳前掌為軸，腳跟轉動，身體隨之左轉；同時，左手向後平舉變成勾手，右掌隨轉體向左側畫弧，立於左肩前，掌心斜向後；眼看左勾手（圖6-132、圖6-133）。

圖6-134

圖6-135

2. 仆步穿掌

　　左腿慢慢屈膝全蹲，右腿由內向右側（偏後）伸出，成右仆步，膝部伸直，腳尖裏扣，全腳掌著地，上體右轉；右手下落經右腿內側向前穿出，手心向外；眼看右手（圖6-134、圖6-135）。

圖6-136

3. 弓步起身

以右腳跟為軸，腳尖向外扭直稍外撇，左腿後蹬，右腿前弓，重心移至右腿，左腳尖裏扣，上體微向右轉並向前起身；右臂繼續向前伸至胸前，掌指向上，掌心向左，左勾手在身後，勾尖隨臂內旋擰轉向上；眼看右手（圖6-136）。

4. 提膝挑掌

左腿慢慢屈膝提起，腳尖自然下垂，右腿微屈膝獨立支撐成左獨立勢；左勾手變掌，由後下方順左腿外側向前挑起，屈臂立於左腿上方，肘膝相對，手指向上，手心向右；右手按在右胯旁，手心向下，指尖向前；眼看左手（圖6-137、圖6-138）。

圖6-137　　　　　　　　　　圖6-138

【要點】

（1）由左下勢獨立落腳時，右腳尖觸地後必須稍微提起，然後再向下仆腿。

（2）其他均與「左下勢獨立」相同，只是左右相反。

第十八式　左右穿梭

1. 落腳轉體

身體微向左轉；左腳向前落地，腳尖外撇，右腳跟離地，兩腿屈膝成半坐盤勢；同時，左手翻轉向下，右手翻轉向上，開始「抱球」；眼看左手（圖6-139、圖6-140）。

圖6-139

圖6-140

2. 抱球收腳

上體繼續左轉；兩手左上、右下在左胸前成抱球狀；重心移至左腿，右腳跟進至左腳內側，腳尖點地；眼看左前臂（圖6-141）。

3. 邁步分手

身體右轉，右腳向右前側方（約斜30°）邁出，腳跟著地；右手由下向前上方畫弧，左手由上向後下方畫弧；眼看右手（圖6-142）。

4. 弓步推掌

上體繼續右轉，重心前移，右腳全腳掌踏實，腿部屈膝前弓成右弓步；左手經體前向前推出，指高與鼻尖平，

圖6-141

圖6-142

圖6-143

圖6-144

手心向前；右手翻掌上撐，停於右額前上方，手心斜向
上；眼看左手（圖6-143、圖6-144）。

圖6-145

圖6-146

左穿梭

5. 重心後移

重心略後移，右腳尖微外撇，上體微向右轉；右手下落於胸前，左手向下畫弧，兩手開始畫弧，準備合抱；眼看前方（圖6-145）。

6. 抱球收腳

右手向內翻掌下落至胸前，左手隨收臂屈肘外翻下落至腹前，兩手右上左下在胸前右側成抱球狀；同時重心移至右腿，左腳跟進至右腳內側，腳尖點地；眼看右前臂（圖6-146）。

7. 上步分手

身體左轉，左腳向左前側方（約斜30°）邁出，腳跟著地；左手由下向前上方畫弧，右手由上向後下方畫弧；眼看左手（圖6-147）。

8. 弓步推掌

上體繼續左轉，重心前移，左腳全腳掌踏實，腿部屈膝前弓成左弓步；右手經體前

圖6-147

向前推出，指高與鼻尖平，手心向前；左手翻掌上撐，停於左額前上方，手心斜向上；眼看右手（圖6-148、圖6-149）。

圖6-148

圖6-149

【要點】

（1）完成該勢應面向斜前方，如面向南起勢，左穿梭的定勢應面向西北（如圖6-144），右穿梭的定勢應面向西南（如圖6-149）；

（2）手推出後，上體不可前俯；

（3）手翻上撐時要防止偏頭縱肩；

（4）一手上舉、一手前推要與弓腿鬆腰配合，上下協調一致；

（5）完成弓步時，前後兩腳跟的橫向距離保持在30公分左右。

第十九式　海底針

1. 跟步提手

右腳向前跟進半步，前腳掌先著地，隨之全腳掌踏實，重心落在右腿上，右腿屈坐，左腳腳跟離地，同時上體微向右轉，右手下落經右胯側屈臂向上提抽至右耳側，手心向左，指尖斜向下；左手經體前向下畫弧至腹前，掌心向下，指尖斜向右前方；眼看前方（圖6-150）。

2. 虛步插掌

上體微向左轉，面向前方；右手從右耳側向左斜前方插下，手心向左，指尖向前下方，左手向左經左膝畫弧按在左胯旁，手心向下，手指向前；左腳稍前移，膝部微屈，腳尖點地，成左虛步；眼看前下方（圖6-151）。

圖6-150

圖6-151

【要點】

（1）身體要隨右手的提抽動作先向右轉，再隨下插動作向左轉；

（2）完成此勢，要面向正西；上體不可太前傾，避免低頭和臀部後凸。

第二十式　閃通背

1. 提手收腳

上體微向右轉，左腿提膝；兩手上提，右手提至面前，手心向左，指

圖6-152

尖向前，左手提至右手左下方，手心向右，指尖斜向上；眼看前方（圖6-152）。

圖6–153　　　　　　　　圖6–154

2. 上步分手

左腳向左前方邁出一步，腳跟著地，右腿屈膝；兩手翻掌，準備前推上撐；眼看前方（圖6–153）。

3. 弓步推撐

左腳全腳掌踏實，屈膝前弓，成左弓步；左手向體前推出，手心向前，高與鼻尖平，右手上撐至右額前上方，手心向右上方；眼看左手（圖6–154）。

【要點】

（1）完成此勢時，上體自然正直，鬆腰、鬆胯，左掌推出，左臂不要完全伸直，背部肌肉要伸展開；

（2）左手推掌、右手撐掌和左弓腰動作要協調一致；

圖6-155

（3）弓步時，兩腳跟的橫向距離不超過10公分。

第二十一式　轉身搬攔捶

1. 轉體扣腳

上體後坐，向右轉體，重心移至右腿，左腳尖裏扣；右手向後畫弧下落，左手上提；眼看前方（圖6-155）。

2. 轉身握拳

身體向右後轉，重心移至左腿；右手隨轉體向右、向下畫弧變拳，經腹前至左肋旁，拳心向下，左手上舉於左額上方，掌心斜向上；眼看前方（圖6-156、圖6-156附圖）。

圖6-156

圖6-156附圖

3. 撇腳搬拳

繼續向右轉體，右腳收回後（不要停頓或腳尖點地）隨即向前邁出一步著地，腳尖外撇；右拳經胸前翻轉撇（或稱搬、擊）出，拳心向上，左手同時經右前臂外側蓋掌下落按在左胯旁，掌心向下，指尖向前；眼看右拳（圖6-157、圖6-157附圖、圖6-158）。

4. 轉體旋臂

右腳全腳掌踏實，屈膝，隨即重心前移至右腿上，左腳向前提起；上體微向右轉；右拳向身體右側內旋翻轉，畫弧收拳至體側，左手向體前畫弧，掌心斜向下；眼平看前方（圖6-159）。

圖6-157　　　　　　　　　圖6-157附圖

圖6-158　　　　　　　　　圖6-159

圖6-160　　　　　　圖6-161

5. 進步攔掌

左腳向左前方邁出一步，腳跟著地；左掌攔至體前，高與肩平，手心斜向前，指尖斜向上，右拳再外旋收至右腰旁，拳心向上；眼看左手（圖6-160）。

6. 弓步打拳

左腳全腳掌踏實，屈膝前弓，成左弓步；右拳向前邊內旋邊打出，拳眼向上，高與胸平，左手微收附於右前臂裏側；眼看右拳（圖6-161）。

【要點】

（1）右拳不要握得太緊；

（2）右拳回收時，前臂要慢慢內旋畫圓弧，然後臂再外旋停於右腰旁，拳心向上；

（3）向前打拳時，右肩隨拳略向前引伸，沉肩垂

圖6-162　　　　　　　圖6-163

肘，右臂微屈；

（4）弓步時，兩腳跟的橫向距離不超過10公分。

第二十二式　如封似閉

1. 穿掌交叉

左手外旋變仰掌，由右腕下向前穿出，右拳隨之外旋變掌，並同時翻轉向上，兩掌舉於體前，掌心均向上；眼看前方（圖6-162、圖6-163）。

2. 後坐收掌

上體後坐，右腿屈膝，重心移至右腿上，左腳尖翹起；兩臂屈肘，兩手慢慢分開回收至胸前，並向內翻掌仰腕，落於兩肋前；眼看前方（圖6-164、圖6-165）。

圖6-164　　　　　　　　　　圖6-165

3. 弓步按掌

右腿蹬地，重心前移，左腳踏實，屈膝前弓，成左弓步；兩臂前伸，兩手向上、向前按出，手心向前，腕與肩平，兩臂與肩同寬；眼看前方（圖6-166、圖6-167）。

【要點】

（1）身體後坐時，避免上體後仰，臀部不可凸出；

（2）兩臂隨身體回收時，肩、肘部略向外鬆開，不要直著抽回；

（3）兩手前推時，兩臂間的距離保持與肩同寬。

第二十三式　十字手

1. 轉體扣腳

向右轉體，重心移至右腿，右腿屈坐，左腳尖裏扣；

圖6-166

圖6-167

圖6-168

右手開始向右平擺畫弧；眼看右手（圖6-168）。

圖6-169

2. 撤腳分手

右腳尖外撇，繼續向右轉體，右腿屈弓，左腿自然蹬直，成右側弓步；同時，右手隨轉體向右平擺畫弧，與左手成兩臂側平舉，肘部略垂，手心均向前；眼看右手（圖6-169）。

3. 坐腿扣腳

重心慢慢移向左腿，右腳尖裏扣；兩手開始向下、向腹前內收畫弧；視線隨右手移動（圖6-170）。

4. 收腳合抱

重心移至左腿，同時右腳輕輕提起向左收回，兩腳距離與肩同寬，腳尖向前，兩腿逐漸蹬直，成開立步；兩手

圖6-170

圖6-171

向下經腹前向上畫弧交叉合抱於胸前，腕高與肩平，右手在外，手心均向後，成十字手；眼看前方（圖6-171）。

圖6-172

【要點】

（1）兩手分開或在胸前合抱時，上體不要前俯；

（2）身體直立後，保持自然正直，頭要微向上頂，下頜稍向後收；

（3）兩臂環抱時，沉肩垂肘，並意識到一種圓滿舒適的感覺。

第二十四式　收　勢

1. 分手前撐

兩手翻掌，手心斜向下，十字掌前撐，肘部鬆垂；兩腳間距離仍與肩同寬；眼看前方（圖6-172）。

圖6-173

圖6-174

2. 兩臂下落

　　兩手分開，兩臂慢慢下落至兩胯外側；上體正直，頭微上頂；眼看前方（圖6-173）。

3. 收腳還原

　　左腳慢慢收至右腳旁，兩腳併攏，腳尖向前；眼看前方（圖6-174）。

　　【要點】

　　兩手下落時，呼吸細勻深長，使氣下沉，要全身放鬆。

圖6-175

圖6-176

練習後行抱拳禮

併步站立，頭正身直，右手握拳，左手大拇指屈回，其餘四指併攏掩掌於右拳上，行抱拳禮，目視前方，然後還原自然直立，收勢結束（圖6-175、圖6-176）。

第七章
太極推手基礎

　　太極推手是太極拳運動中的一種雙人徒手對練，具有一定的對抗性。太極推手分為定步推手和活步推手兩種。經常打太極拳，同時結合推手練習，既能提高太極拳的技術水準，又可借助兩人的協作，發展動作的靈活性和反應能力，增強體質。初學太極拳的人，也可兼練太極推手，使兩者相互促進，相互提高。練習推手要明確鍛鍊目的，反對單純強調勝員而忽視增強體質的作用。

　　初學太極推手，應由單推手開始。待熟練之後，再練習定步雙推手和活步推手。學習過程，要由易到難，由簡而繁，不要急於求成，貪多求快。練習推手時，動作要求圓活，兩臂切勿僵硬。練者雙方，既不丟開，又不頂撞，做到粘連不脫，彼此相隨。

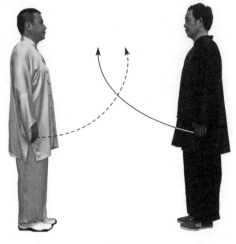

圖7-1

第一節　推手的基本動作

為了使學習的人易於辨明位置和方向，甲乙二人由開始姿勢起，始終不調換位置。用虛、實線（甲用虛線，乙用實線）表明手腳的路線。推手圖解中，仍採用掤、捋、擠、按等習慣用語，以便參考原有太極拳的理論進行研究和改進。

一、預備姿勢

兩人相對站立，成立正姿勢，身體各部力求自然、舒適。兩人距離以雙方握拳、兩臂前平舉、拳面相接觸為標準（圖7-1、圖7-2）。

圖7-2

練習前行抱拳禮

　　甲乙二人併步
站立，頭正身直，
右手握拳，左手大
拇指屈回，其餘四
指併攏掩掌於右拳
上，行抱拳禮，目
視對方；然後，雙
臂還原自然站立
（圖 7-3～ 圖 7-
5）。

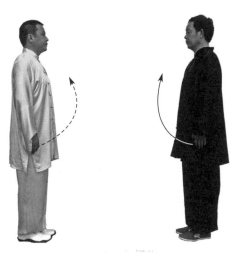

圖7-3

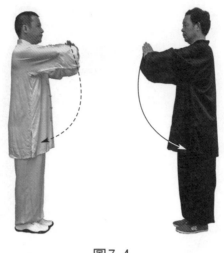

圖7-4

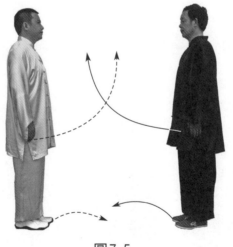

圖7-5

開始姿勢

　　兩人各作半面左轉，雙方右腳各向前邁一步，兩腳內側相對，兩人右腳之間相距10～20公分；然後雙方右掌各

圖7-6

向前舉，臂稍屈，手背相對，手腕交叉（通稱「搭手」），雙方左手均自然下垂；重心均落於兩腿之間（圖7-6）。

　　【要點】雙方右手腕部接觸後，應各含「掤勁」，既不可過於用力相抵觸，也不可軟而無力。

二、單手平圓推手練習法

　　（1）甲翻轉右掌用掌心向前平推乙之手腕部，同時右腿前弓，重心略向前移，其目的是以右掌按向乙之右胸部（圖7-7）。

　　乙承甲之按勁，用掤勁（不鬆軟，也不僵硬）將右掌向後回收，同時左腿微屈，重心向後移，上體隨之向右轉動，並以右掌引甲之右手，使其不能觸及胸部而落空（圖7-8）。

　　（2）乙用右掌引甲之右掌使之落空，隨即翻掌用右掌向前平推甲之手腕部，其目的是要按甲之右胸部（圖

圖7–7

圖7–8

7–9）。

　　甲同樣用右手承乙的推勁，順勢收回右臂，屈左腿，
重心後移，上體右轉，使乙之右掌落空（如圖7–6）。

圖7-9

　　兩人如此循環練習，雙方推的路線要成一個平圓形。

　　【用勁方法】甲用「按」勁推乙方時，乙則轉腰用「化」勁順勢化開甲的來勁；乙用「按」勁推按甲時，甲同樣轉腰用「化」勁化開乙的來勁。

　　【要點】「按」時，上體不可過於前傾，「化」時，應轉腰縮胯，重心後移，上體切勿後仰。雙方手臂經常保持掤勁，屈伸相隨，既不要鬆軟和斷勁，又不可僵硬頂勁；雙方手腕的聯繫，如膠著，如滑軸；雙方左手均要自然活動，以配合腰腿用勁。

練習後行抱拳禮

　　併步站立，頭正身直，右手握拳，左手大拇指屈回，其餘四指併攏掩掌於右拳上，目視對方，然後還原自然站立，收勢結束（參見圖7-39、圖7-40）。

圖7-13

三、單手立圓推手練習法

練習前行抱拳禮

甲乙二人併步站立，頭正身直，右手握拳，左手大拇指屈回，其餘四指併攏掩掌於右拳上，行抱拳禮，目視對方；然後，雙臂還原自然站立（參見圖7-3、圖7-4）。

1. 雙方由開始姿勢起（如單推手圖7-6），甲翻轉右掌用掌心向前、向上推按乙之手腕部，意在推按乙的面部，同時右腿前弓，重心略向前移；乙則隨著用掤勁，以右手承甲之來勁，順勢引臂上舉，同時左腿微屈，重心略向後移，上體隨之右轉，將甲的右掌引向頭部右側，使之落空（圖7-13、圖7-14）。

2. 乙順勢將右掌慢慢翻轉，向前、向下推按，意在按甲之右肋部；甲同樣用右手掤勁承乙之來勁，右臂順勢回

圖7-14

圖7-15

收，同時屈左腿，上體隨之右轉，重心後移，將乙之右手
引向體之右側，使之落空（圖7-15、圖7-16）。

圖7-16

圖7-17

3. 當甲用右手向乙面部推來時，乙身體稍向右轉，同時用右手掤勁，將甲的右手引向頭之右側，使之落空，隨即順勢向甲之面部前推。甲隨之向右轉身引乙的右臂，使

圖7-18

圖7-19

之落空，然後再翻掌向前、向下推按乙的右肋部（圖
7-17～圖7-19）。

這些動作，練習者可以彼此反覆循環練習，雙方推手

圖7-20

的路線成立圓,左右手和左右腿也可輪流交換練習。

練習後行抱拳禮

併步站立,頭正身直,右手握拳,左手大拇指屈回,其餘四指併攏掩掌於右拳上,行抱拳禮,目視對方;然後還原自然站立,收勢結束(參見圖7-39、圖7-40)。

四、雙手平圓推手練習法

練習前行抱拳禮

甲乙二人併步站立,頭正身直,右手握拳,左手大拇指屈回,其餘四指併攏掩掌於右拳上,行抱拳禮,目視對方;然後,雙臂還原自然站立(參見圖7-3、圖7-4)。

圖7-21

圖7-22

預備姿勢

雙方右手「搭手」後，各以左掌撫於對方右肘（圖7-20）。

1.甲右手翻轉，掌心按在乙右手腕上，並向前、向下推按；同時左手在乙右肘部向同一方向推按，其目的是迫使乙方右臂貼於他自己的胸前不得活動，通稱「按」勁（圖7-21、圖7-22）。

圖7-23

　　乙右臂則用掤勁接承甲按勁，左手在甲右肘部順勢漸向後引，左腿微屈，重心後移，上體微微含胸，同時身體右轉並用右臂將甲方來勁向右引，使甲之按勁落空，通稱「化」勁（圖7-23）。

　　2.承上勢。乙隨即翻轉右掌，掌心按在甲右手腕上，同時兩掌微向前、向下按，其目的和動作，與甲用按時相同（圖7-24、圖7-25）。

　　甲化乙來勢的動作，與乙化甲的動作相同（參見圖7-20和圖7-25）。

　　此式可以反覆循環練習。

練習後行抱拳禮

　　併步站立，頭正身直，右手握拳，左手大拇指屈回，其餘四指併攏掩掌於右拳上，行抱拳禮，目視對方，然後

圖7-24

圖7-25

還原自然站立，收勢結束（參見圖7-39、圖7-40）。

圖7-26

第二節　定步推手法

練習前行抱拳禮

甲乙二人併步站立，頭正身直，右手握拳，左手大拇指屈回，其餘四指併攏掩掌於右拳上，行抱拳禮，目視對方；然後，雙臂還原自然站立（參見圖7-3、圖7-4）。

預備姿勢

與本節圖7-6相同。

1. 掤勁（開始姿勢）：雙方各用右臂做單搭手式，各含掤勁（圖7-26）。

圖7-27

圖7-28

　　2. 挒勁：甲右手承乙右手之掤勁，將右臂後引，右手翻轉以手掌貼於乙之右手腕處；同時左手撫於乙之右肘，順乙之來勢，屈左腿，收胯，轉腰（向右），兩手引乙之右臂，成為向右的挒式動作（圖7-27）。

　　3. 擠勁：乙順甲之挒勢，右腿微屈，重心略向前移，同時左手手掌附於右臂內側，以右前臂平擠甲之胸部，其目的是使甲的挒勁不發生作用，而改變方向，同時使其兩手被迫於胸前失去作用（圖7-28）。

圖7-29

圖7-30

4. 按勁：甲順乙之來勢，屈左腿，含胸，向左轉腰、收胯，同時兩手按乙之右臂，向下、向左，化開乙之擠勁，使乙方的擠勁落空。甲右手隨即移至乙左肘部，左手移至乙左腕部，兩掌向下、向前推按，通稱「按」勁（圖7-29）。

5. 乙仍用左臂的掤勁承接甲之按勢，用左手手背，接承甲之左手，右手由下面向右繞出，撫於甲之左肘部。同

圖7-31

圖7-32

時重心後移，左腿彎曲，身體略向左轉，左臂掤住對方按勢（不可直向後縮），兩手引甲之左臂略向左上方回捋，變成捋式（圖7-30）。

　　6. 甲順乙之捋勢，為保持身體平衡，穩定重心，右手離開乙之左肘，立即附於自己左肘內側，兩臂掤圓，向乙胸部擠去，即成擠式（圖7-31、圖7-32）。

圖7-33

圖7-34

7. 乙順甲之擠勢，含胸、轉腰、收胯變按式動作（圖7-33、圖7-34）。

8. 在乙向前按的同時，甲用右臂掤住對方之按勢，左手由下面繞出，再撫於乙之右肘部，身體向右轉動。此時甲變為捋，乙變為擠（圖7-35）。

圖7-35

圖7-36

9. 定步推手換手法：在乙用右臂向胸前擠來時（參看
定步推手圖7-28），甲不用向前按的動作，而順勢用左手
領乙之左手，同時右手捋乙之左肘部，身體略左轉，改為
捋乙之左臂的動作（圖7-36）。

圖7–37

圖7–38

　　當乙的左臂被甲回将時，乙應順勢改變為用左臂接著做擠的動作，右腿仍前弓（圖7–37）。當甲化開乙擠勢變為按時，乙左臂再由左下方繞出，撫於甲右肘部，身體後坐，将甲方右臂；甲隨即變為按式（圖7–38）。

　　定步推手的規律是：甲将乙擠，乙擠甲按，甲按乙掤，再變為将，乙将甲再變擠，甲将乙變為按，乙按甲掤再變為将。這樣彼此反覆來做。

圖7-39

圖7-40

練習後行抱拳禮

併步站立，頭正身直，右手握拳，左手大拇指屈回，其餘四指併攏掩掌於右拳上，行抱拳禮，目視對方；然後還原自然站立，收勢結束（圖7-39、圖7-40）

第八章
如何深入學習太極拳

學習太極拳有了初步的入門以後,就可以深入地學習太極拳。深入學習太極拳,分為兩種情況:

一是將已學的套路練好練精;

二是學習傳統流派的太極拳以及民間流傳的諸家流派的太極拳。

如何選擇,根據各人的實際情況(年齡、性別、健康狀況、時間、居住地等等)而定。

第一節　如何提高太極拳技術水準

太極拳入門不易，要提高更難。提高水準，除名師指點外，主要靠不斷的練習，參照前人的經驗總結和古拳論，反覆體悟，指導實踐。下面提出幾個提高太極拳技術的關鍵問題，以拋磚引玉。

一、初學架子的提高，重點在於分清虛實

分虛實，實際是掌握運動過程中的核心問題。所謂虛與實，是相對而言的，虛中有實，實中有虛。做到虛實分明首先要理解虛實在太極拳演練中的作用，明確虛實存在的規律，清楚每個動作對肢體虛實的要求的同時，在意識的引導下，使上肢動作與下肢動作的虛實協調一致，步法移動與重心轉換協調一致。

太極拳招招式式有虛實，時時處處有虛實。虛實無時不有，虛實無處不在，虛實之中有虛實。虛實存在著微妙的變化，虛與實互相滲透，相輔相成。如果虛實概念不明，虛實中變化不清，則重心不穩，進退不靈。

二、提高應在鬆、柔方面下工夫

放鬆的關鍵在所有的關節。上肢首要放鬆的是肩和肘，沉肩垂肘。腕也要放鬆，活腕是放鬆關節的要點，掌指關節也要處於放鬆狀態，要不斷體會並做到舒指展掌。下肢要求沉穩，這是建立在放鬆基礎上的沉穩。胯、膝、

踝、趾都應放鬆，但放鬆不是不用力的飄浮。相反，為了放鬆和架勢的沉穩，必須做到腳五趾有意識地抓地。趾不抓地，腳下無根，鬆字無從談起。

227

膝鬆，是在一種似鬆非鬆的狀態。胯鬆，要做到髖關節鬆開撐圓，隨動作有虛實的變化。下肢放鬆與腰鬆有著密切的關係，而腰、腿是全身運動的關鍵所在。

在放鬆方面提高的同時，要學會氣沉丹田。氣沉丹田（從形式上說是以膈肌運動為主的勻長、細緩的腹式呼吸）是在呼吸動作配合下，小腹充實，全身勁力集中的一種自我感覺。要做到氣沉丹田，必須先要做到全身舒鬆，沉肩垂肘，含胸拔背，腰胯放鬆。

初學時不易體會氣沉丹田，經過一個時期腹式呼吸的鍛鍊，慢慢就能體會到呼吸時有內氣的存在。氣沉丹田不必過分強求，以免產生不良效果。只要正確按太極拳要領和方法練拳，朝鬆靜自然的目標練，到一定程度，自然會水到渠成。由此可見，太極拳的提高是整體的。

提高還要在柔字上下工夫。柔的基礎是動作弧形和用意不用力，透過鍛鍊，將內外各種要領逐一體會，融會貫通。以意念統馭動作，使動作高度協調，內外一體。

三、呼吸也是提高太極拳技術水準 的重要方面

在掌握了勻長、細緩的自然呼吸的基礎上，要逐漸結合動作意念，深化呼吸鍛鍊，使之與動作肢體的屈伸開合和內勁的蓄發結合起來，渾然一體，輕鬆自如，達到外練筋骨皮、內練一口氣的效果。

四、在掌握了太極拳的基礎知識和基本技術規格之後，就要認真努力投入到練習之中

在提高太極拳技術水準的練習方法中，單式練習、組合練習、半套和整套及疊套練習等都是必需的。根據個人的體質合理掌握運動負荷量、負荷強度。其中針對性的練習是最關鍵的。

譬如，單獨抽出重點的腿法、步法及發勁、難度動作等進行強化練習，提高動作的完成質量和加強演練技巧的培養，會起到事半功倍的效果。

太極拳技術水準的提高是苦樂相伴的。當你經過一段艱苦的練習之後，會驚奇地發現技術水準有了新的飛躍，由此帶來的這份歡愉是不可言喻的。如果想達到提高的目的，更重要的是要有明師的指點，這樣可使自己在練習中少走很多彎路。「拳打千遍身法自然，拳打萬遍神理自現」，太極拳練習貴在持之以恆。希望廣大太極拳愛好者在練習中高標準、嚴要求、精益求精。

第二節　不同年齡和體質的人練太極拳的方法

年齡、體質不同的人，鍛鍊目的不同的人，應該有不同的教與學的方法。

中老年人為了防病保健而練太極拳，只要架子練得好

些，能堅持天天練，不斷鞏固，提高點技術和興趣就可以了。具體練習可隨意選擇流派，也可以發揮興趣多練一些套路，練練推手，寓娛樂於鍛鍊之中，練得輕鬆，不必拘束。運動量適可而止，不必強求，以練後稍出汗、自我感覺輕鬆愉快為度。

　　病弱者，以增強體質、治療慢性疾病為目的，套路應單一，運動量也要有一定的限度，最好按體療醫生所囑進行鍛鍊。一般來說，學練的套路難度不要大，以易學易練為原則。學練的套路選取姿勢舒展、優美的風格較好。鍛鍊時，除了招式動作力求準確，從動中求靜之外，應加強一些呼吸方法的鍛鍊，以養氣存神為主。

　　青少年擔負著武術的未來。青少年時期是人生走向成功的關鍵階段，以健身和提高運動水準為目的。學習太極拳時可選取一種流派入門，在學習和訓練過程中，關鍵就是運用科學的理論知識進行專門鍛鍊，加以提高。按「由著熟而漸悟懂勁，由懂勁而階及神明」的層次和要求逐步提高。除了走架鍛鍊外，還應多練基本功，達到一定程度後，再與太極拳鬆柔練習和推手練習、體能素質的練習完美地結合起來，提高也就更快。

參考書目

1. 中華人民共和國體育運動委員會運動司. 太極拳運動（修訂本）. 北京：人民體育出版社，1983。

2. 胡長善. 太極圖之謎. 北京：知識出版社，1990。

3. 潘志偉，張愛武. 簡化太極拳24勢分步自學法. 北京：北京體育學院出版社，1992。

4. 易先俊. 太極拳養生功. 北京：北京體育大學出版社，1997。

5. 李暉. 太極拳學堂——圖解太極十三勢. 北京：北京體育大學出版社，1999。

6. 邱丕相. 太極拳習練知識問答. 北京：人民體育出版社，2001。

7. 余功保. 隨曲就伸：中國太極拳名家對話錄. 北京：人民體育出版社，2002。

8. 鄭勤. 太極文化與功法. 武漢：湖北人民出版社，2004。

9. 余功保. 太極拳精論集. 北京：人民體育出版社，2005。

10. 武冬. 24式太極拳入門與提高. 太原：山西科學技術出版社，2006。

後 記

　　太極拳是中國武術的一塊瑰寶，是中華民族智慧的結晶。源遠流長，內涵豐富，蘊涵諸多中國古典哲學、美學、倫理學、中醫學的精華，太極拳有著極高的健身養生價值和豐富的文化內涵，是得到了世界人民普遍認同的強身健體、修身養性的健康生活方式。讓更多的國內和國外朋友瞭解、習練太極拳，是本書的目的所在。大家都來練太極，有利於傳承中國優秀的傳統文化，有益於大眾的身心健康，有助於促進和諧社會的建設。傳播太極拳的和諧思想和理念對世界和平有著積極而深遠的意義。我們相信太極拳未來的發展，最終一定能成為全世界人民共享的寶貴財富。

　　全書內容，深入淺出，圖文並茂，可作為初級入門教材使用，也可以作為國內外太極拳愛好者的讀物。

　　本書在撰寫過程中，翻閱了許多國內書籍，借鑑了許多同仁的成果，在此深表謝意！

　　本書得到了湖北一元一文化傳播有限公司的大力支持。感謝公司王勝良先生、程淺科先生、張化平先生、陳飛先生、張建平先生為本書策畫和指導；感謝華中師範大學歷史文化學院博士生導師王玉德教授為本書作序；感謝李繼堯、唐惠珊、杜武親、鄭波、方曉慧、馬振榮、湯學旭等老師與朋友給予了熱情的幫助。

　　本書第八章由賈海如副教授撰寫。本書的攝影鄭傑、

232

王翔，套路示範由鄭勤、賈海如、袁鑫池、戴珞完成，套路動作路線和照片修改由曹探和蔡慶昱完成，本書光碟由陳詩群編輯，宋志明攝像，李華配樂，葉竹馨配音，鄭勤、賈海如、袁鑫池、戴珞表演。對此一一深表感謝！

由於我們的水準有限，時間倉促，錯誤和疏漏在所難免，請武林同道和廣大讀者批評指正！

作者於武昌

快樂健美站

定價280元

定價280元

定價280元

定價220元

定價280元

定價280元

定價280元

定價280元

定價280元

定價280元

定價280元

定價280元

定價240元

定價240元

定價200元

定價180元

定價280元

定價280元

定價180元

定價200元

定價280元

定價280元

定價280元

定價250元

定價350元

定價350元

常見病藥膳調養叢書

定價200元

定價200元

定價200元

定價200元

定價200元

定價200元

定價200元

定價200元

定價200元

定價200元

定價200元

定價200元

傳統民俗療法

定價200元

定價200元

定價200元

定價200元

定價200元

定價200元

定價200元

定價200元

定價200元

定價200元

定價200元

品冠文化出版社

休閒保健叢書

定價200元

定價200元

定價200元

定價280元

定價180元

定價230元

定價350元

定價550元

定價300元

定價550元

定價350元

定價220元

定價500元

定價330元

定價350元

定價350元

定價350元

定價330元

定價300元

定價250元

定價230元

定價230元

定價230元

定價330元

定價300元

定價300元

定價280元

定價280元

定價250元

定價230元

定價230元

定價230元

定價230元

定價250元

定價230元

定價230元

定價230元

定價230元

定價280元

定價200元

定價550元

定價400元

定價220元

定價250元

品冠文化出版社

圍棋輕鬆學

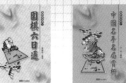
定價160元

定價300元

定價330元

定價250元

定價250元

定價250元

定價280元

定價280元

定價280元

定價250元

象棋輕鬆學

定價280元

定價280元

定價280元

定價280元

定價230元

定價450元

定價500元

智力運動

國際跳棋
定價220元

國際跳棋 攻殺練習
定價250元

圍棋知識
定價180元

象棋知識
定價200元

橋牌知識
定價180元

西洋棋知識
定價180元

五子棋知識
定價180元

田 棋
定價220元

棋藝學堂

兒少圍棋 啟蒙篇
定價180元

兒少圍棋 提高篇
定價220元

兒少圍棋 比賽篇
定價180元

兒少象棋 啟蒙篇
定價180元

兒少象棋 提高篇
定價180元

兒少象棋 比賽篇
定價180元

太極武術教學光碟

太極功夫扇
五十二式太極扇
演示：李德印 等
(2VCD)中國

夕陽美太極功夫扇
五十六式太極扇
演示：李德印 等
(2VCD)中國

陳氏太極拳及其技擊法
演示：馬虹(10VCD)中國
陳氏太極拳勁道釋秘
拆拳講勁
演示：馬虹(8DVD)中國
推手技巧及功力訓練
演示：馬虹(4VCD)中國

陳氏太極拳新架一路
演示：陳正雷(1DVD)中國
陳氏太極拳新架二路
演示：陳正雷(1DVD)中國
陳氏太極拳老架一路
演示：陳正雷(1DVD)中國
陳氏太極拳老架二路
演示：陳正雷(1DVD)中國
陳氏太極推手
演示：陳正雷(1DVD)中國
陳氏太極單刀・雙刀
演示：陳正雷(1DVD)中國

郭林新氣功
(8DVD)中國

本公司還有其他武術光碟
歡迎來電詢問或至網站查詢
電話：02-28236031
網址：www.dah-jaan.com.tw

原版教學光碟

歡迎至本公司購買書籍

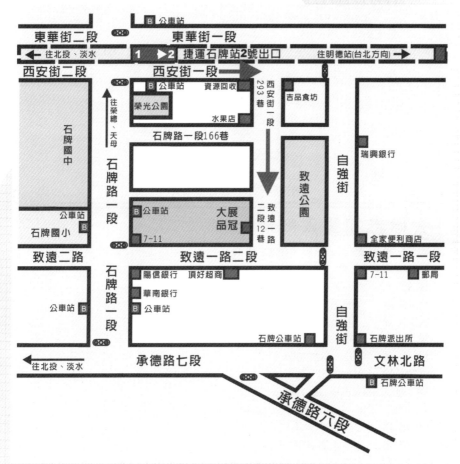

建議路線
1.搭乘捷運‧公車
　　淡水線石牌站下車，由石牌捷運站2號出口出站(出站後靠右邊)，沿著捷運高架往台北方向走(往明德站方向)，其街名為西安街，約走100公尺(勿超過紅綠燈)，由西安街一段293巷進來(巷口有一公車站牌，站名為自強街口)，本公司位於致遠公園對面。搭公車者請於石牌站(石牌派出所)下車，走進自強街，遇致遠路口左轉，右手邊第一條巷子即為本社位置。

2.自行開車或騎車
　　由承德路接石牌路，看到陽信銀行右轉，此條即為致遠一路二段，在遇到自強街(紅綠燈)前的巷子(致遠公園)左轉，即可看到本公司招牌。

國家圖書館出版品預行編目資料

太極拳初學入門 / 鄭勤　趙永剛　編著
　　——初版，——臺北市，大展，2014〔民103.05〕
　　　面；21公分 ——（武術特輯；149）
　　ISBN　978－986－346－015－2（平裝附數位影音光碟）
　1. 太極拳
528.972　　　　　　　　　　　　　　　103004222

太極拳初學入門 附 DVD

編　著／鄭　勤　趙永剛
責任編輯／謝建平
發 行 人／蔡森明
出 版 者／大展出版社有限公司
社　　址／台北市北投區（石牌）致遠一路2段12巷1號
電　　話／（02）28236031・28236033・28233123
傳　　眞／（02）28272069
郵政劃撥／01669551
網　　址／www.dah-jaan.com.tw
E - mail／service@dah-jaan.com.tw
登 記 證／局版臺業字第2171號
承 印 者／傳興印刷有限公司
裝　　訂／承安裝訂有限公司
排 版 者／弘益電腦排版有限公司
授 權 者／北京人民體育出版社
初版1刷／2014年（民103年）5月

定　價／300元

大展好書　好書大展
品嘗好書　冠群可期